MUSEO#1

```
N  A  A  B  N  E  V  H  L  C  C  C  G  M  S
A  O  N  I  E  O  C  R  J  E  Z  U  R  A  E
A  I  I  T  G  C  G  N  E  R  H  L  A  R  G
S  I  C  C  I  O  A  E  O  A  P  T  B  M  U
M  O  C  N  A  G  L  R  D  R  Z  U  A  O  R
M  I  D  N  E  I  U  O  I  O  B  R  D  L  I
I  X  O  N  E  I  L  E  E  O  B  A  O  T  D
A  I  U  G  O  R  C  P  D  U  U  W  U  M  A
H  E  J  C  G  F  E  O  M  A  Q  M  I  P  D
S  O  R  D  A  U  C  F  D  A  D  R  W  K  M
O  I  R  A  R  O  H  C  N  A  T  N  A  M  K
O  M  A  T  S  E  R  P  B  O  V  I  E  C  S
I  T  I  N  E  R  A  N  T  E  C  I  S  I  G
N  O  I  C  U  T  I  T  S  N  I  F  R  I  T
L  I  T  O  G  R  A  F  I  A  V  S  C  P  V
```

AMPLIACION	CONFERENCIA	ITINERANTE
ANTIGUEDAD	CUADROS	LITOGRAFIA
ARQUEOLOGIA	CULTURA	MARMOL
BECARIO	FONDOS	PRESTAMO
BODEGON	GRABADO	PRIVADO
BRONCE	GUIA	SEGURIDAD
CERA	HORARIO	TIENDA
CIENCIA	INSTITUCION	VISITA

ABISMO#1

A	O	R	N	O	D	U	C	S	E	E	I	D	R	Q
O	R	N	A	O	A	I	N	C	O	G	N	I	T	A
I	Y	C	R	V	I	R	O	I	C	E	P	S	M	P
E	K	O	A	E	A	S	U	P	O	Z	O	T	I	R
Z	F	B	H	N	V	C	E	S	W	W	G	A	S	E
A	Z	U	B	C	O	A	Z	R	I	A	J	N	T	C
F	A	R	A	L	L	O	N	U	P	F	Y	C	E	I
I	N	F	I	N	I	T	O	W	P	E	I	I	R	P
I	N	C	L	I	N	A	C	I	O	N	D	A	I	I
R	X	F	D	U	T	I	N	G	A	M	Y	X	O	C
A	V	J	I	O	S	C	U	R	I	D	A	D	L	I
M	B	A	P	E	N	D	I	E	N	T	E	C	Y	O
P	X	L	S	P	R	E	C	I	P	I	T	A	D	O
A	K	R	Q	T	U	N	O	R	A	T	R	A	T	L
N	Z	J	U	O	O	F	O	Z	X	O	X	G	N	Y

ARCANO	HOYO	PECIO
AVERNO	INCLINACION	PENDIENTE
CAVAR	INCOGNITA	POZO
DEPRESION	INFIERNO	PRECIPICIO
DISTANCIA	INFINITO	PRECIPITADO
ESCUDO	MAGNITUD	RAMPA
FARALLON	MISTERIO	TARTARO
FISURA	OSCURIDAD	VASTO

CAMPAMENTO#2

```
E  C  A  Z  A  B  N  I  U  Q  I  T  O  B  D
A  U  Y  V  B  O  Y  S  C  O  U  T  U  G  E
C  N  Q  J  F  T  G  N  I  P  M  A  C  F  P
L  A  A  S  C  A  N  T  I  N  A  L  A  P  O
A  E  T  B  O  S  C  U  C  H  I  L  L  O  R
A  T  T  R  A  B  A  H  C  A  H  N  C  I  T
R  R  A  R  E  C  W  E  G  M  L  E  N  A  E
O  A  R  G  A  F  V  A  N  A  T  N  O  M  S
T  N  N  O  O  U  U  E  Y  C  A  P  O  R  V
I  H  A  I  G  F  C  G  B  A  J  V  J  B  I
E  G  X  L  P  I  P  L  I  T  N  Q  R  Z  V
N  D  U  O  P  Z  B  G  U  O  V  E  A  N  A
D  O  C  R  A  N  O  C  O  R  I  T  C  A  C
A  A  R  B  M  P  U  K  U  Y  H  V  A  O  P
L  D  M  D  J  M  X  P  J  X  Q  Y  R  F  F
```

BOSQUE	CUARTEL	PALA
BOTAS	CUCHILLO	PINAR
BOTIQUIN	DEPORTES	PLANO
BOY SCOUT	FOGATA	REFUGIO
CABANA	GORRA	ROPA
CAMPING	HACHA	TIENDA
CANTINA	HAMACA	TIRO CON ARCO
CATRE	LENA	VIVAC
CAZA	MONTANA	

LOS GITANOS

```
I  A  R  T  E  B  E  N  S  B  C  U  B  O  C
N  C  L  Z  O  A  N  L  X  O  M  A  Q  R  I
D  G  L  O  K  I  F  O  I  D  T  O  L  F  N
I  I  O  A  B  L  M  L  I  A  I  N  T  E  G
A  P  J  B  N  A  O  E  A  S  B  X  J  I  A
I  S  C  K  P  O  H  Y  H  M  U  S  S  G  R
J  Y  Q  N  V  R  I  C  A  O  E  L  H  B  O
E  R  O  L  K  L  O  F  F  P  B  N  C  Y  S
A  R  U  T  N  E  V  A  N  E  U  B  C  X  M
G  I  T  A  N  A  P  U  E  B  L  O  O  E  D
A  D  I  T  N  E  D  I  N  A  M  O  R  S  N
O  I  C  U  C  E  S  R  E  P  Z  I  S  X  N
O  I  C  A  L  B  O  P  W  U  L  E  T  D  O
M  S  I  C  A  R  O  M  A  N  C  E  R  O  M
A  J  E  F  X  V  C  M  R  R  S  U  J  K
```

ARTE	CLAN	PAYO
BAILAOR	ETNIA	PERSECUCION
BAILE	EXCLUSION	POBLACION
BODA	FLAMENCO	PUEBLO
BOHEMIO	FOLKLORE	RACISMO
BUENAVENTURA	GIPSY	RITO
CALE	GITANA.	ROMANCERO
CHABOLA	IDENTIDAD	ROMANI
CINGAROS	INDIA	

FISCALIA#2

```
A B S O L U C I O N A S U A C
A C C I O N P E N A L T X K D
A S O V E L A D D O L C O E O
L F U N A D L E B E R A L Y T
G O U D P F A L L O R X I N Z
C U L N E L A C S I F H N R O
I I A I W N X M E P T K C L Q
J Z V C O R A O C N I O U C O
I R A N I L P I C S I D E O R
G A N O O L H F R U C K N O I
R A N O I C N U F O S F T A T
S I L A N I M I R C S F E R O
D A L S I G E L H K K X J M A
L V E R S A C I O N A V F P E
R J U R I O S R U C E R Q
```

ABSOLUCION	CRIMINALISTA	INCOAR
ACCION PENAL	DELINCUENTE	LEGISLADOR
ACTA	DELITO	MALVERSACION
ALEVOSÃ-A	DISCIPLINARIO	ORGANO
ALGUACIL	FALLO	PERJURIO
CAUSA	FISCAL	REBELDÃ-A
CONDENA	FOLIO	RECURSO
CONVICTO	FUNCIONARIO	REO

TENNIS#3

```
N  A  E  C  E  P  L  O  G  C  O  R  L  T  D
H  O  B  I  P  M  N  W  L  H  Z  A  S  I  O
A  G  I  R  K  U  N  P  O  A  Q  Q  V  T  B
G  L  F  C  E  O  N  C  W  L  R  U  E  U  L
B  B  L  U  A  I  O  T  U  L  X  E  N  L  E
F  E  B  I  A  T  H  R  O  E  L  T  T  O  F
X  Z  S  T  S  R  O  R  W  N  R  A  A  A  A
A  O  R  O  O  A  U  N  C  G  L  D  J  T  L
R  E  M  A  T  E  J  D  A  E  F  B  A  C  T
C  L  A  S  I  F  I  C  A  C  I  O  N  S  A
V  E  W  C  E  N  T  R  E  N  A  D  O  R  R
F  A  L  T  A  D  E  P  I  E  U  C  Y  B  K
M  A  T  C  H  P  O  I  N  T  U  P  I  J  C
M  U  E  R  T  E  S  U  B  I  T  A  M  Y  J
A  R  E  U  Q  E  N  U  M  V  R  X  B  E  L
```

ANOTACION	FALTA DE PIE	RAQUETA
CHALLENGE	GOLPE	REMATE
CIRCUITO	HIERBA	ROOKIE
CLASIFICACION	LATERAL	SILLA
CUERDAS	MATCH POINT	TITULO
DOBLE FALTA	MUERTE SUBITA	VENTAJA
EMPUNADURA	MUNEQUERA	
ENTRENADOR	PUNTO	

CAMPAMENTO#2

```
B O S Q U E B O T I Q U I N C
C C L A T U O C S Y O B F C A
U A A E T C A N T I N A L L B
C Y M T T O C A Z A R R O G A
H A F P R R B A H I C Q Q I N
I V N O I E A U L C D A L S A
L I M E G N W U X A A V M Z D
L X S N L A G R C B P H R A V
O D E P O R T E S R A N I P H
M O N T A N A A P L A N O D L
O I G U F E R O P A D N E I T
O C R A N O C O R I T G S A I
C A V I V W H X J T W T Q O A
B T B T H G O U G H S N U N P
K H M T A U B Q V L X A V C L
```

BOSQUE	CUARTEL	PALA
BOTAS	CUCHILLO	PINAR
BOTIQUIN	DEPORTES	PLANO
BOY SCOUT	FOGATA	REFUGIO
CABANA	GORRA	ROPA
CAMPING	HACHA	TIENDA
CANTINA	HAMACA	TIRO CON ARCO
CATRE	LENA	VIVAC
CAZA	MONTANA	

UNIVERSO#5

```
R  N  Z  O  A  I  R  E  T  A  M  I  T  N  A
O  I  O  U  R  T  J  Z  T  A  C  I  S  I  F
R  M  M  T  Y  G  M  A  D  N  O  M  N  Y  G
J  E  O  D  U  O  E  O  E  J  H  A  E  A  T
V  X  S  T  A  L  S  N  S  C  E  R  U  S  D
X  Y  J  A  A  D  P  A  O  F  T  E  F  R  R
C  U  M  U  L  O  I  D  T  R  E  A  B  Z  J
C  E  S  R  A  P  J  S  G  E  E  R  G  Y  N
O  R  T  E  M  A  I  D  N  Y  N  J  A  S  V
H  O  I  R  E  F  S  I  M  E  H  A  U  Z  M
O  T  I  N  I  F  N  I  Z  M  D  P  L  G  Y
P  O  L  V  O  R  A  S  L  U  P  R  H  P  A
S  O  N  D  A  N  O  I  C  A  L  S  A  R  T
A  I  R  O  T  C  E  Y  A  R  T  X  T  M  D
D  A  D  I  C  O  L  E  V  Z  E  N  I  T  T
```

AGUJERO NEGRO	HEMISFERIO	POLVO
ANTIMATERIA	INFINITO	PULSAR
ATMOSFERA	LASER	SONDA
ATOMO	MAREA	SOYUZ
COHETE	MIR	TRASLACION
CUMULO	ONDA	TRAYECTORIA
DENSIDAD	PARSEC	VELOCIDAD
DIAMETRO	PLANETA	ZENIT
FISICA	PLUTON	

UNIVERSO#2

```
G  N  A  B  G  I  B  S  O  S  R  O  C  A  V
F  A  S  E  L  O  S  A  P  D  O  E  M  J  I
E  D  I  O  R  E  T  S  A  U  E  M  T  Z  A
G  A  L  A  X  I  A  Y  A  I  T  B  S  E  L
N  O  I  C  A  R  E  L  E  C  A  N  L  O  A
E  G  T  M  M  S  M  S  A  T  A  O  I  A  C
F  S  R  N  A  A  T  I  P  R  U  T  R  K  T
O  P  P  A  E  G  T  R  N  I  E  Z  C  O  E
T  L  W  E  V  I  N  E  O  E  L  D  Y  V  A
O  A  V  B  C  E  M  E  R  N  R  C  I  O  T
N  S  L  M  N  T  D  A  T  I  O  A  E  S  E
R  M  H  L  W  B  R  A  Z  I  A  M  L  T  O
E  A  O  O  U  J  P  O  D  N  S  F  I  I  R
P  R  O  P  U  L  S  O  R  P  A  M  F  A  I
S  I  S  T  E  M  A  U  H  F  Z  L  O  C  A
```

ACELERACION	FASE	PROPULSOR
ALBEDO	FOTON	ROCA
ASTEROIDE	GALAXIA	SIDERAL
ASTRONOMIA	GRAVEDAD	SISTEMA
BIG BANG	LANZAMIENTO	SOL
COSMOS	MAGNETISMO	SPUTNIK
ECLIPSE	MATERIA	TEORIA
ESPECTRO	MINERAL	VIA LACTEA
ETER	PLASMA	

LA LUZ#2

```
A  N  T  O  R  C  H  A  C  O  L  O  R  D  F
S  I  R  I  O  C  R  A  N  X  R  W  B  E  L
D  D  N  N  E  F  E  C  T  O  U  A  C  S  U
S  A  I  O  O  O  S  Y  R  U  R  L  F  L  O
T  I  D  O  I  I  G  A  L  W  W  O  V  U  R
O  I  S  I  D  S  C  E  F  N  D  K  C  M  E
B  F  Z  I  R  O  R  A  U  A  U  Q  Q  B  S
A  M  A  L  L  A  H  O  U  F  G  L  U  R  C
O  I  C  A  V  O  L  M  T  C  Q  T  I  A  E
L  U  M  B  R  E  T  C  E  S  E  D  N  R  N
A  M  S  I  R  P  Z  O  X  N  I  B  Q  C  T
A  N  R  E  T  N  I  L  F  C  W  D  U  F  E
D  A  D  I  C  I  R  T  C  E  L  E  E  E  I
S  I  S  E  T  N  I  S  O  T  O  F  O  D  O
A  I  C  N  E  R  E  F  R  E  T  N  I  B  O
```

ANTORCHA	ECUACION	GAFAS
ARCO IRIS	EFECTO	INTERFERENCIA
CLARIDAD	ELECTRICIDAD	LINTERNA
COLOR	FARO	LLAMA
CORONA	FLUORESCENTE	LUMBRE
DESLUMBRAR	FOTOLISIS	LUX
DIODO	FOTOSINTESIS	PRISMA
DISTORSION	FUEGO	QUINQUE

POLICIA#3

```
A  A  E  T  N  E  G  A  E  H  C  O  C  Q  C
C  C  D  E  L  I  T  O  M  N  M  F  E  C  H
O  Y  T  U  A  N  T  W  O  R  D  E  N  O  A
A  Z  V  U  A  T  H  A  M  P  A  O  T  M  L
R  V  X  L  A  N  E  S  P  O  S  A  S  I  E
T  V  L  A  Y  C  A  S  P  E  R  R  O  S  C
A  Y  F  D  A  S  I  S  T  E  N  C  I  A  O
D  I  D  R  J  G  P  O  F  A  Z  M  G  R  F
A  A  C  O  G  E  H  C  N  I  D  N  M  I  I
A  I  C  N  A  D  N  A  M  O  C  O  F  A  C
E  T  N  E  U  C  N  I  L  E  D  H  S  L  I
O  O  I  R  A  N  O  I  C  N  U  F  E  S  N
F  V  H  N  C  R  E  G  I  S  T  R  O  R  A
A  N  E  R  I  S  F  D  Q  P  W  Z  C  N  O
N  O  I  C  A  I  L  I  F  X  L  A  H  R  P
```

ACTUACION	COCHE	FILIACION
ADUANA	COMANDANCIA	FUNCIONARIO
AGENTE	COMISARIA	HAMPA
ARMA	DELINCUENTE	LADRON
ASISTENCIA	DELITO	OFICINA
ATESTADOS	DENUNCIA	ORDEN
CHALECO	ESPOSAS	PERRO
COARTADA	FICHERO	REGISTRO

LA VERDURA#3

```
A  O  A  C  A  L  A  B  A  Z  A  C  C  R  C
G  I  J  L  U  C  H  Z  M  U  Y  A  A  A  A
U  N  U  A  C  L  L  O  I  I  R  L  U  B  Q
A  T  P  Q  T  A  T  O  J  A  D  A  P  A  O
P  U  K  D  E  N  C  I  R  A  R  B  I  N  G
D  U  L  A  S  C  A  H  V  O  F  A  Y  O  R
A  T  R  E  U  H  A  L  O  O  F  C  A  U  W
C  O  L  I  F  L  O  R  P  F  X  I  A  H  G
G  A  S  T  R  O  N  O  M  I  A  N  L  R  L
E  T  N  A  S  I  U  G  P  A  T  A  T  A  G
A  L  E  U  H  C  I  B  A  H  K  G  C  D  U
M  A  N  D  I  O  C  A  O  R  R  E  U  P  P
P  I  M  I  E  N  T  O  V  I  N  A  G  R  E
V  I  T  A  M  I  N  A  S  P  Y  Q  F  T  V
Z  A  N  A  H  O  R  I  A  A  A  Q  W  V  V
```

ACEQUIA	CULTIVO	PLANTA
AGUA	GASTRONOMIA	PUERRO
AJO	GUISANTE	RABANO
ALCACHOFA	HABICHUELA	RAIZ
CALABACIN	HOJA	SALUD
CALABAZA	HUERTA	VINAGRE
CAUPI	MANDIOCA	VITAMINAS
CLOROFILA	PATATA	ZANAHORIA
COLIFLOR	PIMIENTO	

Puzzle #13

UNIVERSO#1

```
O  L  O  P  A  E  M  E  R  C  U  R  I  O  C
A  L  O  N  R  U  T  A  S  Q  U  A  R  K  O
I  R  C  H  O  O  Y  R  C  U  A  S  A  R  M
M  Y  R  I  E  I  L  A  A  K  C  O  F  Z  E
N  F  H  E  C  W  S  U  S  M  O  E  U  Z  T
Q  E  C  L  I  P  T  I  C  A  A  J  S  O  A
R  A  D  A  R  T  R  U  M  S  M  V  I  N  S
C  O  N  J  U  N  C  I  O  N  U  C  O  P  R
E  P  I  C  I  C  L  O  Q  A  O  P  N  N  O
A  R  E  F  S  O  T  A  R  T  S  E  E  G  T
M  E  T  E  O  R  I  T  E  B  D  B  U  R  A
A  S  O  L  U  B  E  N  P  Q  Y  K  D  H  C
E  I  C  I  F  R  E  P  U  S  M  H  G  W  I
T  E  L  E  S  C  O  P  I  O  T  D  O  T  O
T  R  A  N  S  B  O  R  D  A  D  O  R  C  N
```

APOLO	ESTRATOSFERA	NOVA
CICLO	FUSION	QUARK
COMETA	MARTE	RADAR
CONJUNCION	MASA	ROTACION
CREPUSCULO	MERCURIO	SATURNO
CUASAR	METEORITE	SUPERFICIE
ECLIPTICA	MISION	TELESCOPIO
EPICICLO	NEBULOSA	TIERRA

MUSEO#2

```
E A D Q U I S I C I O N E E Q
A S R C N E A O E L O P B S V
R I T U O O D I M D Z I X T C
A R U A T L I I R U E X L A I
X R O G D R E C F E E S X N P
Z Y U D O O E C A I L S H T E
T O J T A I A P C G C A T E R
J L H A N G D I A I E I G R M
X X C Y B I I U L F O L O I A
O I C A L A P T A P T N E A N
N O I C A V R E S N O C W D E
S A R U T L U C S E P N A C N
E T N O L O G I C O V S A L T
E X P O S I C I O N E N D P E
O T I R C S U N A M S N I W C
```

ADQUISICION	ESTADO	OLEO
APERTURA	ESTANTERIA	PALACIO
AUDIOGUIA	ETNOLOGICO	PANOPLIA
COLECCION	EXPOSICION	PERMANENTE
CONSERVACION	GALERIA	PINTURA
DELEGACION	INVESTIGADOR	SEDE
EDIFICIO	MANUSCRITO	
ESCULTURAS	MUESTRA	

IRREAL

```
A  A  G  Q  A  M  E  A  D  C  X  Y  D  E  F
B  D  L  N  P  H  H  N  O  E  W  J  P  S  A
S  U  Y  U  O  F  R  H  G  I  L  U  U  P  L
T  L  O  A  C  E  E  E  S  A  R  I  N  E  A
R  T  L  D  R  I  R  L  O  U  N  U  R  J  Z
A  E  U  L  I  B  N  O  B  I  E  O  P  I  A
C  R  L  T  F  G  I  A  P  I  G  N  U  S  O
T  A  T  E  O  W  N  T  C  R  S  A  O  M  E
O  D  H  I  O  P  K  I  R  I  O  I  L  O  S
K  O  C  O  F  R  I  E  F  A  O  C  V  P  O
P  V  O  I  C  I  T  C  I  F  R  N  N  N  F
S  I  M  U  L  A  C  R  O  Y  H  I  R  I  I
F  A  N  T  A  S  T  I  C  O  P  F  O  R  S
C  Z  E  L  B  I  G  N  A  T  N  I  E  G  M
I  N  V  E  N  T  A  D  O  L  Z  S  M  J  A
```

ABSTRACTO	ENGANO	INTANGIBLE
ADULTERADO	ESPEJISMO	INVENTADO
ALUCINACION	ESPURIO	INVISIBLE
ANHELO	FALAZ	PLAGIO
APOCRIFO	FANTASTICO	SIMULACRO
ARBITRARIO	FICTICIO	SOFISMA
ARTIFICIAL	FINGIDO	SUENO
DELIRIO	INCORPOREO	UTOPICO

MERCADOTECNIA #3

```
E  E  N  A  N  A  L  I  S  I  S  B  D  P  R
C  T  C  E  I  F  R  S  P  A  M  E  I  R  E
D  O  N  N  C  N  R  E  V  L  X  N  S  O  E
S  E  M  E  A  A  A  D  R  V  E  E  D  M
B  O  S  E  G  C  M  P  N  I  N  F  N  U  B
H  O  R  C  R  A  L  L  M  Q  L  I  O  C  O
V  E  B  R  U  C  Y  A  A  O  U  C  K  T  L
Q  C  M  E  E  E  I  I  V  C  C  I  X  O  S
Y  F  M  P  F  P  N  O  N  E  G  O  C  I  O
E  M  B  A  R  G  O  T  Y  Q  I  L  G  I  Z
M  E  N  U  D  E  O  M  O  M  E  D  D  D  A
F  V  I  A  K  G  S  F  E  E  D  B  A  C  K
I  M  P  U  L  S  O  A  S  H  D  R  S  R  F
A  C  I  T  S  I  G  O  L  I  Y  G  H  P  G
M  I  N  O  R  I  S  T  A  C  W  L  Q  B  Z
```

AGENTE	DISENO	MENUDEO
ALCANCE	EMBARGO	MINORISTA
ALMACEN	EMPRESA	NEGOCIO
ANALISIS	FEEDBACK	PERROS
BENEFICIO	FRANQUICIA	PRODUCTO
COMERCIO	IMPULSO	REEMBOLSO
COMPANIA	LIDER	SPAM
DESCUENTO	LOGISTICA	

TENNIS#2

```
A  N  O  I  C  A  I  C  O  S  A  F  O  T  M
E  C  E  I  P  A  R  T  N  O  C  O  K  U  N
E  C  E  C  U  E  D  O  A  R  O  N  D  A  T
A  F  U  J  U  E  Z  A  B  G  B  D  Y  C  F
O  E  E  R  S  P  X  P  J  O  N  O  T  A  S
P  L  N  C  C  E  I  A  S  E  L  A  U  G  I
A  T  E  T  J  T  S  K  Y  D  G  M  W  G  S
D  O  L  L  O  S  O  T  X  I  M  F  V  W  I
X  A  P  A  R  E  J  A  A  S  A  Q  U  E  L
S  N  R  T  R  O  I  C  I  V  R  E  S  G  L
X  I  O  O  E  A  N  K  F  H  S  W  S  M  O
C  B  E  D  P  N  P  Q  L  W  D  W  P  L  R
T  R  K  M  J  M  Z  U  C  P  J  E  Z  B  D
A  D  I  C  O  L  E  V  U  K  G  G  K  F  U
T  Q  Z  Z  G  Y  O  T  S  X  V  O  Y  V
```

ACE	IGUALES	PISTA
ASOCIACION	JUEZ	RONDA
CONTRAPIE	LÃ-NEA	SAQUE
CRUCE	MANGA	SERVICIO
DEJADA	MIXTOS	SET
DEUCE	OUT	TEMPORADA
EFECTO	PARALELO	TOP TEN
FONDO	PAREJA	VELOCIDAD
GLOBO	PASILLO	

GUERRERO#2

O	A	S	A	M	R	A	A	D	V	T	J	L	A	C
N	D	R	A	G	O	K	L	S	I	T	T	A	T	O
B	O	I	M	Z	A	G	C	B	E	L	C	N	A	M
F	A	C	R	A	I	D	A	I	E	D	W	Z	L	B
L	U	S	A	R	D	L	Z	R	G	L	I	A	A	A
E	O	E	T	R	E	U	A	W	R	O	I	O	Y	T
C	J	E	R	I	R	U	R	W	G	O	A	C	A	E
H	X	W	S	T	O	A	G	A	T	T	T	X	O	S
A	B	K	U	N	E	N	B	A	P	W	Y	E	F	A
B	R	O	Q	U	E	L	A	H	C	U	L	G	E	M
P	E	L	T	A	R	R	P	Q	M	T	L	K	N	U
O	T	N	E	I	M	A	T	U	L	C	E	R	S	R
R	E	F	R	I	E	G	A	S	U	X	V	T	I	A
S	O	L	D	A	D	O	M	D	A	J	Q	L	V	I
L	G	H	T	R	H	Z	B	K	P	C	U	U	A	V

AGUERRIDO	BROQUEL	LIZA
ALCAZAR	CASTRENSE	LUCHA
ARMADURA	COMBATE	OFENSIVA
ARMAS	DAGA	PELTA
ASEDIO	FLECHA	RECLUTAMIENTO
ATALAYA	FUERTE	REFRIEGA
BARRACON	GARROTE	SAMURAI
BASTION	LANZA	SOLDADO
BELICO	LID	

GANAR#3

A	O	A	O	I	C	I	F	E	N	E	B	Q	T	I
G	N	S	V	F	D	O	M	I	N	A	R	W	J	J
R	A	I	N	A	O	R	B	K	O	E	O	R	H	A
A	N	Q	E	R	N	I	R	W	T	M	L	O	U	V
D	E	A	U	C	I	D	N	A	H	I	I	N	O	A
D	A	L	N	I	S	C	O	U	R	N	R	G	D	R
H	M	E	O	C	L	A	I	T	E	C	R	O	A	N
I	U	R	G	I	A	D	A	I	R	B	Y	M	R	A
R	G	O	L	F	A	R	E	N	E	T	B	O	A	I
C	N	E	R	E	H	F	V	V	M	L	V	P	M	E
J	O	R	A	R	F	A	E	U	E	E	P	D	O	I
L	O	P	O	N	O	M	N	N	N	E	O	E	P	E
R	C	I	B	I	R	M	C	U	T	A	A	K	A	T
C	E	L	O	C	E	R	E	S	O	S	T	Z	R	E
M	B	O	L	S	O	C	R	F	O	C	H	D		

AGRAVAR

ANIQUILAR

ASCENSO

AVARICIA

BENEFICIO

COBRAR

DOMINAR

ENEMIGO

FONDO

GANANCIA

GOLEAR

HERENCIA

HÃ©ROE

INCREMENTO

LOGRAR

MEJORAR

MONOPOLIO

MÃ©RITO

OBTENER

PERCIBIR

PLEITO

RECOLECTA

REMBOLSO

REUNIR

RUINA

VENCER

AMAZONIA#1

```
A  Z  X  G  J  C  B  B  O  A  A  F  Z  Z  V
O  N  D  Y  C  A  O  I  E  N  M  V  Y  I  O
O  T  F  R  L  L  S  O  S  B  O  I  L  H  Q
E  C  N  I  G  O  Q  M  P  Q  D  B  L  E  V
F  C  I  E  B  R  U  A  E  S  A  S  R  C  S
R  L  O  T  I  I  E  S  C  U  E  N  C  A  Z
L  A  U  L  A  M  O  A  I  H  P  S  D  V  C
B  I  U  V  O  M  A  S  E  L  A  B  O  L  G
P  N  T  G  I  G  I  T  S  T  P  E  M  P  T
U  X  E  P  A  A  I  L  N  K  S  T  D  A  I
G  Y  O  K  E  J  L  A  C  E  N  H  Q  I  E
E  X  P  L  O  R  A  D  O  R  L  T  V  S  R
A  I  R  E  D  A  N  A  G  J  L  A  Y  A  R
S  I  S  E  T  N  I  S  O  T  O  F  C  J  A
M  A  R  I  P  O  S  A  A  V  R  E  S  E  R
```

ANFIBIOS	CUENCA	JAGUAR
BIOMASA	ECOLOGIA	MARIPOSA
BOSQUE	ESPECIES	PAISAJE
CALENTAMIENTO	EXPLORADOR	REPTIL
CALOR	FLUVIAL	RESERVA
CARBONO	FOTOSINTESIS	SELVA
CLIMA	GANADERIA	TIERRA
CLIMATICO	GLOBAL	

INVENTOS#2

```
S  A  T  J  Z  R  A  C  I  E  N  C  I  A  P
R  E  R  E  A  N  E  L  O  I  N  E  G  T  I
A  E  D  O  N  M  E  S  S  I  R  K  A  J  E
V  S  F  E  D  R  E  B  E  E  N  U  G  O  Z
Y  Z  U  R  M  A  E  S  L  L  T  E  E  K  A
H  I  K  M  I  I  T  T  W  R  M  V  G  D  E
O  N  A  L  P  G  U  U  N  A  A  S  T  N  A
U  F  Q  F  A  H  E  Q  P  I  T  K  E  R  I
E  T  N  E  T  A  P  R  R  M  W  T  L  I  I
O  T  C  A  F  E  T  R  A  A  O  N  E  Z  N
I  M  P  R  E  N  T  A  R  D  Z  C  F  I  E
T  E  L  E  S  C  O  P  I  O  O  M  O  A  B
A  N  T  E  C  E  D  E  N  T  E  R  N  P  Q
A  N  I  L  I  C  I  N  E  P  E  G  O  M  G
N  O  I  C  U  L  O  S  O  T  N  E  L  A  T
```

ANTECEDENTE	INTERNET	PLANO
ARQUIMEDES	JAMES WATT	REFRIGERADOR
ARTEFACTO	KARL BENZ	RUEDA
CIENCIA	LESER	SOLUCION
COMPUTADORA	MUSA	TALENTO
GENIO	PATENTE	TELEFONO
IMPRENTA	PENICILINA	TELESCOPIO
INGENIO	PIEZA	TESLA

TRADICION

```
A  L  A  P  E  G  O  A  R  R  A  I  G  O  F
E  I  A  N  N  R  M  C  U  L  T  U  R  A  O
O  S  N  R  I  O  B  I  I  O  S  U  W  V  L
N  I  T  R  T  R  I  M  T  V  I  R  U  J  C
R  T  R  I  U  S  T  C  U  O  A  H  I  U  L
H  G  L  A  L  C  E  C  A  T  T  T  W  K  O
D  K  R  Y  T  O  L  C  O  C  S  O  A  K  R
M  E  M  O  R  I  A  A  N  D  O  O  M  B  E
R  A  S  T  R  O  D  O  B  A  Q  V  C  E  Q
A  D  N  E  Y  E  L  E  T  C  L  O  E  B  R
P  R  A  C  T  I  C  A  R  E  H  A  A  U  O
A  I  P  A  S  O  R  P  G  E  P  Z  N  R  C
R  A  I  G  A  M  B  R  E  U  H  S  O  U  L
R  E  C  U  E  R  D  O  H  C  H  B  E  O  X
N  O  I  C  I  T  E  P  E  R  P  B  M  R  Y
```

ALCURNIA	ESTILO	PROSAPIA
ANCESTRAL	EVOCACION	RAIGAMBRE
APEGO	FOLCLORE	RASTRO
ARRAIGO	HEREDITARIO	RECUERDO
ATAVICO	LEYENDA	REMOTO
COSTUMBRE	MEMORIA	REPETICION
CULTURA	MITO	RESPETO
DOCTRINA	PRACTICA	USO

ABISMO#2

```
L A S I B A C A I D A T K D G
D A M I N A U A O Q Z I F E A
P E N A F B E L V R J G X S L
Z W C A R C V O Q I C S X P E
N K Y L C T A L U D D O W E R
D E S F I L A D E R O A M N I
D E S N I V E L U L U C D A A
A I G O L O E L E P S E M D B
E X T E N S I O N A E C O E Q
H O N D O N A D A J F B D R T
R O I R E F N I D K O C M O X
E L B A D N O S N I W U Z Z O
D A D E U Q O R A R O F R E P
N O I C I D R E P J O R R A E
S E C R E T O T E T R I C O S
```

ABISAL	DESPENADERO	MINA
CAIDA	ESPELEOLOGIA	OCEANO
CANAL	EXTENSION	OQUEDAD
CAVIDAD	GALERIA	ORCO
CUEVA	HONDONADA	PERDICION
DECLIVE	INFERIOR	PERFORAR
DESFILADERO	INSONDABLE	SECRETO
DESNIVEL	MAR	TALUD

HISTORIA#4

```
O A G O L O E U Q R A E R A O
C I U D A D D C I E N C I A R
I O N O I C A Z I N O L O C H
V N R R Z D D K H E Q K C O I
M P E R I O M R R C I N R M O
M S I L A R E D E F K H U U N
I C V N I B D F Q D W I Z N R
E N A C I M I E N T O U A I U
I L U S T R A C I O N C D S C
O N T E M P O R A N E O A M N
O I C A G I T S E V N I F O O
M S I L A R E B I L N G D I O
M S I D D U L A B L K L H S N
A V E G A C I O N H L X N Z O
M S I L A I C O S E V M F W
```

ARQUEOLOGÃ-A	EDAD MEDIA	MILENIO
BARROCO	ERA	NAVEGACION
CIENCIA	FEDERALISMO	RENACIMIENTO
CIUDAD	ILUSTRACION	SOCIALISMO
COLONIZACION	IMPERIO	
COMUNISMO	INVESTIGACION	
CONTEMPORANEO	LIBERALISMO	
CRUZADA	LUDDISMO	

CORONA#1

S O N D C O M E R C I O F R V
O M T O A X C P A O O X O E I
X D O N I D W I A N P U C G R
A H U D E V U H N T O U O I U
E H T N D I A I I A O S D O S
F I E B R E M L C G P G R N B
N B B K A O U A G I I M E E A
V O R X Q A T W L O H E O N P
A M I T C I V S C S K U N I O
Z X R T G Z X B E A I D L E O
E B K J S S O L E U N A P L X
Q Y I N T E R N A C I O N A L
Y X F P P R G G A T F N H V I
M O R T A L I D A D G S T G T
P R E V E N C I O N R R Z J C

AISLAMIENTO	GESTION	PERSONA
AVION	HIGIENE	PREVENCION
CIUDAD	INTERNACIONAL	REGION
COMERCIO	MORTALIDAD	VICTIMA
CONTAGIO	OMS	VIRUS
ESTORNUDO	PANICO	
FIEBRE	PANUELOS	
FOCO	PATOGENO	

LA MEDICINA#1

```
O  T  O  D  I  T  N  A  P  O  T  E  C  A  B
S  E  J  A  B  E  R  B  C  R  O  L  O  D  A
N  O  T  C  O  O  S  E  A  I  T  S  M  O  C
F  A  I  N  I  C  N  C  T  D  T  Z  T  I  T
A  S  M  L  A  R  I  E  O  N  I  O  N  L  E
C  Z  P  A  I  M  U  T  L  R  E  V  B  T  R
U  Y  H  Z  H  X  L  J  S  A  B  I  H  O  I
L  L  K  Y  L  C  U  A  A  O  G  U  C  Z  A
T  M  E  D  I  C  O  A  C  N  N  I  T  A  D
A  L  A  T  I  P  S  O  H  O  O  G  F  O  P
D  I  N  Y  E  C  C  I  O  N  I  E  A  K  P
I  N  D  I  S  P  O  S  I  C  I  O  N  I  V
P  R  E  D  I  C  C  I  O  N  W  K  B  L  D
S  A  N  G  U  I  N  E  A  Z  X  Q  F  T  A
T  R  A  T  A  M  I  E  N  T  O  L  L  D  M
```

ANTIDOTO	CHAMAN	INDISPOSICION
APOTECA	CIRUJANO	INYECCION
AUXILIOS	DIAGNOSTICO	MEDICO
BACTERIA	DOLOR	PACIENTE
BOTICA	ESCORBUTO	PREDICCION
BREBAJE	FACULTAD	SANGUINEA
CALMANTE	GALENO	TRATAMIENTO
CALMANTE	HOSPITAL	VIDA

EL PUERTO#1

A	A	O	O	O	A	R	O	M	B	E	Q	C	E	S
T	B	M	R	R	C	L	A	K	O	C	U	P	Q	I
R	A	L	P	E	E	R	A	M	C	A	L	Q	E	L
A	D	N	A	L	L	N	A	C	A	R	O	E	U	O
C	Z	E	G	E	I	L	E	B	N	G	N	S	M	B
A	Z	L	S	I	D	A	I	L	A	A	J	P	A	U
R	K	V	J	T	S	E	C	T	L	E	A	I	R	K
V	I	A	L	E	S	N	U	I	S	A	G	G	I	C
A	N	E	S	R	A	D	O	Q	O	A	B	O	N	Z
N	O	I	C	A	T	S	E	C	U	N	G	N	A	N
H	X	C	E	C	O	N	T	R	A	D	I	Q	U	E
N	O	I	C	A	C	R	A	B	M	E	X	H	V	J
N	A	L	A	T	N	A	P	T	E	S	T	E	R	O
S	O	I	R	O	V	R	E	S	E	R	Q	Z	B	F
O	C	I	F	A	R	T	K	Y	V	R	J	U	H	S

AMPLIACION	CARGA	LONJA
ASTILLERO	CONSIGNA	MAR
ATRACAR	CONTRADIQUE	MARINA
BALLENERO	DARSENA	PANTALAN
BARCO	DUQUE DE ALBA	RESERVORIOS
BOCANA	EMBARCACION	SILO
BUQUE	ESPIGON	TESTERO
CALA	ESTACION	TRAFICO

LA MINA#2

```
O  S  E  C  C  A  O  N  E  R  R  A  B  C  D
E  R  N  F  O  P  M  R  A  H  D  B  O  A  I
X  X  R  O  O  M  E  R  R  T  X  B  M  S  N
P  W  G  U  I  S  U  P  E  E  E  R  B  T  A
L  F  J  M  B  C  F  H  I  B  I  V  A  I  M
O  L  A  N  E  S  A  A  T  T  R  H  M  L  I
S  N  I  L  L  O  H  T  T  A  A  E  L  T
I  A  C  I  M  I  U  Q  O  O  L  A  T  E  A
V  R  A  R  O  F  R  E  P  L  I  G  R  T  U
O  A  R  O  D  A  Z  O  R  I  P  S  O  E  E
P  R  O  F  U  N  D  I  D  A  D  X  S  L  O
S  U  M  I  D  E  R  O  U  S  M  C  E  F  H
T  A  L  A  D  R  O  A  T  E  N  O  G  A  V
T  R  A  N  S  P  O  R  T  E  E  A  V  J  O
Y  A  C  I  M  I  E  N  T  O  Z  M  S  H  O
```

ACCESO	FOSFATO	ROZADORA
BARRENO	HIERRO	SENAL
BERMA	HOLLIN	SUMIDERO
BOMBA	HUMO	TALADRO
BURRO	METROS	TRANSPORTE
CASTILLETE	PEPITA	VAGONETA
DINAMITA	PERFORAR	VETA
EXPLOSIVO	PROFUNDIDAD	YACIMIENTO
EXPLOTACION	QUIMICA	

DEPORTES#5

```
M  A  O  B  O  T  A  C  O  R  R  E  D  O  R
A  N  T  C  C  M  T  A  A  F  U  T  B  O  L
R  I  D  E  R  A  L  A  T  S  I  L  C  I  C
A  M  O  W  L  A  E  N  M  L  C  L  O  G  A
T  A  P  V  P  C  T  S  O  A  O  O  W  W  R
O  D  I  X  I  I  I  A  Q  L  I  C  X  F  Q
N  O  N  C  I  P  S  C  L  U  T  L  S  V  M
G  R  G  N  N  C  M  T  I  L  I  A  L  E  B
I  M  L  E  X  A  O  W  A  B  A  A  C  O  J
M  R  Q  I  E  S  T  A  D  I  O  V  D  E  T
N  C  U  N  W  O  B  S  T  C  U  L  O  D  A
T  A  D  A  I  P  M  I  L  O  Q  I  I  R  S
O  D  I  T  R  A  P  A  D  X  P  R  E  R  I
R  E  C  O  R  D  R  O  D  A  R  I  T  E  A
Q  C  E  J  N  S  A  L  K  V  O  X  A  B
```

ANIMADOR	DISTANCIA	MARATON
ARCO	DOPING	OBSTÃ¡CULO
ATLETISMO	ESCOLTA	OLIMPIADA
BICICLETA	ESQUIADOR	PARTIDO
BOTA	ESTADIO	PISTA
CASCO	FUTBOL	RECORD
CICLISTA	GIMNASIA	TIRADOR
CORREDOR	GOL	VALLA
DECATLON	MAILLOT	

Puzzle #30

EL AGUA

O R E B E B H A L B P J J O G
F R A T O R B L C A N T A R O
O L E D W S O F E L I L R P T
N F U D E I C A T N I F D U A
P I I J A S M G D E C J I B V
F Q E R O V H U M A R W N L E
I V M V G Q E A A R C M Y I N
U B E B E D E R O I S S A C E
N A T U R A L A B O V G A A R
C O R R I E N T E A Z U H C O
E S C U L T U R A J F A L E O
E S T A N Q U E P O T A B L E
N O I C A R T L I F F D R P E
H O N T A N A R Q U J J O M W
L A I T N A N A M L B S Q C J

ABREVADERO	ESCULTURA	MANANTIAL
ALFAGUARA	ESTANQUE	NATURAL
BALNEARIO	FILTRACION	NIEVE
BEBEDERO	FLUJO	POTABLE
BEBER	GOTA	PUBLICA
BROTAR	GRIFO	SED
CANTARO	HONTANAR	TERMA
CASCADA	JARDIN	VENERO
CORRIENTE	LLUVIA	

FERIA#3

```
A M B U L A N T E O Z Q W Z D
A I R E T U S I B T C A T N U
O I C I L L U B V X E R A W L
N R R O D I S F R A Z H I Q C
F O E O N L S S A E F T O C E
I A I N T C A V M S O E T C S
E U I C O I U R C Z L M O V O
S B Z R I H S R U Z C P M E Y
T J F Q T S U O S R L O B N T
A K T X F S O B P O O R O T W
S T A N D S U P V X R A L A N
E J A T N O M D X L E L A K H
A L L I U Q A T N E T R A C A
H I N T E R N A C I O N A L V
O L L I D A C R E M E M Q I X
```

AMBULANTE	DULCES	MONTAJE
BISUTERIA	EXPOSICION	RURAL
BUHONERO	EXPOSITOR	STANDS
BULLICIO	FIESTA	TAQUILLA
CIRCO	FOLCLORE	TEMPORAL
COHETE	INDUSTRIA	TOMBOLA
CONCURSO	INTERNACIONAL	TRACA
DISFRAZ	MERCADILLO	VENTA

CORONA#2

```
O A T A J A R C E P A V Z C L
C D S E D A D I R O T U A O A
R O A C I E R R E S O T V N V
E O S T E P I C E N T R O T A
Y S T T C G N N O T I C I A R
L G A C E E R O G M M M V C D
M Z Z F O S F I I R S Y A T C
X T S K Y D E A P S E I S O N
E X P A N S I O N E I S R J P
M A S C A R I L L A F M O U T
M E D I C A M E N T O K I W T
P A C I E N T E S I N T O M A
O C I T S O N O R P T D V I Q
N O I C A G A P O R P A C F T
R E P A T R I A C I O N H M U
```

AFECTADO	EPICENTRO	MISION
ATAJAR	EXPANSION	NOTICIA
AUTORIDADES	FASE	PACIENTE
CEPA	GRIPE	PRONOSTICO
CIERRE	INGRESO	PROPAGACION
CONTACTO	LAVAR	REPATRIACION
COSTES	MASCARILLA	SINTOMA
DOCTOR	MEDICAMENTO	TOS

CAMMPAMENTO#1

```
A  N  I  M  A  L  E  S  A  L  U  J  U  R  B
C  O  R  E  U  Q  S  A  B  U  H  C  M  N  L
A  A  C  G  N  D  E  S  T  E  R  I  L  L  A
N  F  R  O  U  C  A  L  R  S  R  I  O  H  M
T  O  E  A  M  A  E  T  I  A  O  B  U  O  P
I  G  M  T  V  E  R  N  R  T  S  C  C  R  A
M  O  A  L  E  A  D  N  D  E  E  O  B  N  R
P  N  C  L  A  H  N  O  I  E  B  R  B  I  A
L  W  U  C  B  U  C  A  R  C  D  I  A  L  R
O  E  T  O  H  C  N  A  R  B  I  O  L  L  I
R  G  O  M  R  E  T  B  M  O  Y  O  R  O  W
A  M  I  L  I  T  A  R  I  S  U  H  N  Z  G
M  E  D  I  C  A  M  E  N  T  O  S  F  M  B
A  Z  E  L  A  R  U  T  A  N  W  H  I  F  R
P  E  D  E  R  N  A  L  T  U  R  I  S  M  O
```

ANIMALES	FOGON	MILITAR
BRUJULA	GUARNICION	NATURALEZA
CANTIMPLORA	HORNILLO	PEDERNAL
CARAVANA	LAMPARA	RANCHO
CHUBASQUERO	LIBERTAD	RASO
COMEDOR	LITERA	RIO
COSTA	MACHETE	TERMO
ENCENDEDOR	MACUTO	TURISMO
ESTERILLA	MEDICAMENTOS	

HISTORIA#1

```
A  B  D  I  C  A  R  A  G  M  N  J  Z  L  C
G  I  O  A  C  A  C  P  R  U  O  O  S  Q  A
R  D  S  M  I  A  L  I  A  U  E  T  N  G  P
I  E  O  E  S  C  M  I  L  S  T  R  I  P  I
C  M  E  L  L  I  A  P  F  O  A  L  R  N  T
U  O  T  A  G  G  N  R  E  A  T  D  U  A  A
L  G  K  M  K  I  I  O  C  S  T  A  O  C  L
T  R  O  H  Q  O  S  O  I  O  I  O  C  P  I
U  A  T  I  E  M  P  O  R  C  T  N  Q  F  S
R  F  I  N  V  A  S  I  O  N  A  S  A  W  M
A  I  G  O  L  O  N  O  R  C  P  L  I  D  O
Y  A  R  U  D  A  T  C  I  D  P  J  S  R  O
E  X  P  A  N  S  I  O  N  H  G  Z  Z  I  A
D  A  D  I  N  A  M  U  H  C  Q  J  Z  N  A
O  M  S  I  L  A  N  O  I  C  A  N  D  V  U
```

ABDICAR	CRONOLOGIA	INVASION
AGRICULTURA	CULTURA	MOTIN
AISLACIONISMO	DEMOGRAFIA	NACIONALISMO
ARISTOCRACIA	DICTADURA	PASADO
CALIFATO	EXPANSION	SIGLO
CAMPESINADO	GUERRA	TIEMPO
CAPITALISMO	HUMANIDAD	
CATOLICA	IGLESIA	

LA MADERA#1

```
A B E D U L O B R A C H M W S
A S E R R A D E R O O L A P D
C A B A L L E T E O F M E Y N
A N I C N E P B S U R A N N A
O D A C A L P I A E E D L P A
T E U Q R A P A A N R E D G V
A Z E I P I Z E P N O R J H I
E L B O R T L N I A O O I O R
R I O S T R A U I P M E D N U
S I L L A L Z B P P A I X W T
T I M O N F N U L W N D R P A
Q C P Z D M N R K A R O O A H
R J U Y A O F I T I D G B R T
A X P O J B O N H S U U H B S
Y B J O M U J Z T Z L N U S J
```

ABEDUL	LENA	ROBLE
ARBOL	MADERO	RODAPIE
ASERRADERO	PAPEL	SERRIN
CABALLETE	PARQUET	SILLA
COFRE	PIANO	TABLA
EBANO	PIEZA	TARIMA
ENCINA	PINZA	TIMON
HAYA	PULIR	VIRUTA
LACADO	RIOSTRA	

DEPORTES#1

```
A O E S A B E R B M A L A C D
D T L L O P O L O E R I A A I
P E E L I T S B Z N K M L V A
O D P L I F I F B T L X F S N
R I M S T U S X L R E M A R A
T Z A A E A Q E E E A D A R G
E S L L T C N N D G C O S L E
R A L A C S E O A A Z H H E I
O A Z P V S I O T B F W A S W
C M N Q B I E L T S Y T G I T
M S Q E Z U R V O E I M U O I
R O D A T L A S E B P L F N R
N O I C A J A L E R T S J P B
A C I T C A T A D L E U E N T
A L L I T A P A Z I X A F R Q
```

ATLETA	EXITO	REMAR
BANQUILLO	FLECHA	RESPETO
BASE	FUTBOLISTA	REVES
CALAMBRE	GRADA	RIA
CESPED	LESION	RIVAL
DESFILE	LISTON	SALTADOR
DIANA	POLO	TACTICA
ENTREGA	PORTERO	ZAPATILLA
ESCALAR	RELAJACION	

FIESTA#2

```
A C T O S E W I C L N B D F M
G L O A I A G R E U J A E R O
A C E M R R W P L C Z N S A J
P O O G U A A H E D R Q C N I
E C G N R N C S B W H U A C G
N M O N V A S R P J E N A A O
O U N I I A L A E X T S C N H
C I S C M T L C M V E O H G N
N I C I I O E I O I I T E A L
W Y O N C E D O N L G N L P H
N X I C U A R N Z J V N A I O
B F M W Q F J T M N D L Z V D
I V E R S I O N O G N M F M H
I S T O R I C O F R E N D A I
N H A B I L J U B I L E O U
```

ACTOS	CONVITE	JUBILEO
AGAPE	DESCANSO	JUERGA
ALEGRÃ-A	DIVERSION	MASCARA
ANIVERSARIO	DOMINGO	MOJIGANGA
BANQUETE	FRANCACHELA	MUSICA
CELEBRACION	FUNCION	OCIO
COMUNAL	HISTORICO	OFRENDA
CONCIERTO	INHABIL	

NOTICIAS#2

```
A  A  X  A  F  F  B  C  F  O  H  C  E  H  P
S  C  T  U  V  W  R  A  E  O  N  O  T  A  U
U  H  A  I  M  G  E  R  S  N  L  X  K  K  B
N  L  M  E  C  F  V  T  O  E  S  L  X  L  L
T  Q  A  V  C  H  E  E  B  I  R  U  E  C  I
O  T  P  S  T  I  S  L  H  Y  C  E  R  T  C
O  N  O  I  C  A  M  R  O  F  N  I  T  A  O
E  R  C  O  M  U  N  I  C  A  D  O  F  N  C
C  T  E  G  R  O  T  C  E  R  R  O  C  O  I
A  N  R  R  R  Z  H  O  C  N  Q  U  J  I  V
W  E  P  A  T  T  T  E  L  E  T  I  P  O  P
O  R  X  L  P  E  P  B  X  B  J  O  T  X  I
O  C  T  A  V  I  L  L  A  V  L  W  H  H  J
N  O  T  I  F  I  C  A  C  I  O  N  Q  N  G
P  E  R  I  O  D  I  S  T  A  B  S  R  E  V
```

ACAECIMIENTO	FAX	OCTAVILLA
ASUNTO	FOLLETO	OFICIO
BREVES	HECHO	PARTE
CARTEL	INFORMACION	PERIODISTA
CENSURA	INTERES	PUBLICO
CITA	LETRERO	TELETIPO
COMUNICADO	NOTA	
CORRECTOR	NOTIFICACION	

TENNIS#1

```
E  O  E  C  M  C  D  E  V  I  R  D  J  S  M
D  T  T  O  A  A  A  E  T  R  E  D  U  W  A
E  I  O  N  D  N  L  T  F  R  D  N  E  I  R
S  N  Q  B  E  A  C  S  S  E  O  W  G  N  C
E  D  G  K  Q  I  T  H  D  I  N  P  O  G  A
M  I  X  K  M  V  M  F  A  N  J  S  E  A  D
P  V  R  E  S  T  O  A  I  S  A  A  I  D  O
A  I  O  B  F  E  Z  F  T  L  E  R  S  V  R
T  D  Y  L  Z  Y  C  C  T  N  S  V  G  A  O
E  U  O  F  E  N  S  I  V  O  E  M  E  J  M
K  A  O  N  F  A  R  W  L  O  R  L  A  R  P
Q  L  W  A  R  N  I  N  G  S  T  N  A  S  J
A  I  R  A  T  N  E  M  U  D  N  I  E  C  H
V  I  C  T  O  R  I  A  Q  A  G  X  P  O  U
C  B  C  W  E  D  T  D  P  Q  U  L  H  O  L
```

BOTE	INDIVIDUAL	REVES
CALENTAMIENTO	INDUMENTARIA	SLICE
CANA	JUEGO	SMASH
CANCHA	LIFTADO	SWING
DEFENSIVO	MARCADOR	TORNEO
DEPORTE	MASAJISTA	VICTORIA
DESEMPATE	OFENSIVO	VOLEA
DRIVE	RED	WARNING
GRAND SLAM	RESTO	

EL HEROE#3

S A C A B E C I L L A C I P E
A A R A C O R A J E J O G I P
N D M U M E D E S T I N O N R
E O N R T P N C C H U Q H M O
A X G E A N E E A H C U L O T
I I I A I K E O R T B I L R E
J N R L R T N V N G I S M T C
P U G U I D N I A O I T S A T
H E S E F O L O D I R A A L O
B E L T N R H Z C A V O J N R
Y G S I I I S T G B L Y S N K
P P A O G C O J F W B A D E S
I T E M E R I D A D U C P P T
U J E Y B L O A S Z O G F D T
P R O T A G O N I S M O I I D

ARMAS	DRAGON	JUSTICIA
AVENTURA	ENERGIA	LUCHA
CABECILLA	EPICA	PALADIN
CAMPEON	EXILIO	PELIGRO
CONQUISTA	FURIA	PROTAGONISMO
CONTIENDA	IDOLO	PROTECTOR
CORAJE	INGENIO	TEMERIDAD
DESTINO	INMORTAL	TESORO

POLICIA#1

```
D A D I R O T U A Y E L I F Q
L C M U F Z D I S T R I T O K
L E A H C A R A B I N E R O W
R O C R O U O E L O M B R K R
Q L C R T T A D M F D U U P E
O E M A A E I R I I U N L V G
W Q S R L C R S T N S M A T L
C O M I S A R I O E E O A M A
G R I L L E T E S P L T R C M
J U S T I C I A L T E I E A E
A N R E T N I L R A A D C D N
O F I C I A L W O B T S K H T
S E C R E T A M N Q K O R H O
S E G U R I D A D E D S J D E
V Y U J G E T N A L I G I V I
```

AUTORIDAD	DETENIDO	MANDO
CAMUFLADO	DISTRITO	MULTA
CARABINERO	EMISORA	OFICIAL
CARCEL	GRILLETES	REGLAMENTO
CARTERISTA	JUSTICIA	RELATO
COMISARIO	LEY	RONDA
CUARTEL	LINTERNA	SECRETA
DEPOSITO	LOCAL	SEGURIDAD

CONTABILIDAD FINANCIERA#2

```
S  R  O  D  E  E  R  C  A  S  A  J  A  C  C
A  E  B  E  N  E  F  I  C  I  O  D  Y  T  A
C  N  N  R  A  R  B  O  C  O  O  N  L  D  P
O  U  O  O  S  F  D  E  V  E  N  G  O  O  I
Z  T  E  F  I  S  O  T  S  A  G  T  D  B  T
O  X  E  N  I  C  A  D  E  N  O  M  R  A  A
F  K  Z  N  T  S  C  R  E  N  T  A  T  O  L
U  K  E  R  V  A  C  A  R  H  W  E  G  R  L
N  Q  N  N  O  I  C  A  M  I  T  S  E  Y  X
N  O  I  S  I  C  E  D  L  B  E  D  H  Y  K
O  V  I  T  C  E  F  E  N  M  E  R  O  S  O
T  S  E  U  P  M  I  S  O  R  U  G  E  S  N
O  I  C  A  M  R  O  F  N  I  G  Y  G  L  M
O  B  I  L  I  A  R  I  O  S  Z  H  M  J  P
R  S  T  A  M  O  N  X  H  I  A  Y  V
```

ACCIONES	CONTROL	INFORMACION
ACREEDOR	CUENTA	MOBILIARIO
ANO FISCAL	DECISION	MONEDA
BENEFICIO	DEVENGO	NETO
BONOS	EFECTIVO	NÃºMEROS
CAJA	ESTIMACION	PRÃ©STAMO
CAPITAL	GASTOS	RENTA
COBRAR	IMPUESTO	SEGUROS

FERIA#1

```
O  A  I  N  A  S  E  T  R  A  B  C  L  S  T
C  R  C  A  R  R  U  S  E  L  A  L  O  A  E
S  A  E  A  O  O  W  A  B  K  R  I  C  N  C
T  O  S  N  R  T  B  B  N  L  Q  E  A  T  N
I  O  R  E  I  R  N  O  H  D  U  N  L  O  O
O  Y  L  R  T  D  A  E  L  F  I  T  I  G  L
V  J  Q  D  U  A  S  B  V  G  L  E  D  I  O
I  E  E  W  O  H  F  L  O  E  L  G  A  G  G
V  Z  R  O  O  I  C  R  E  M  O  C  D  S  I
O  L  L  O  R  R  A  S  E  D  S  J  K  V  A
E  S  P  E  C  T  A  C  U  L  O  L  Z  M  L
O  L  U  M  I  T  S  E  T  E  U  G  U  J  V
O  R  E  R  T  E  L  A  R  T  S  E  U  M  V
O  I  C  O  G  E  N  A  T  A  N  I  P  M  G
P  U  B  L  I  C  O  T  S  E  U  P  B  Q  A
```

ARTESANIA	DINERO	NEGOCIO
BARQUILLOS	ESPECTACULO	PINATA
BARRACA	ESTIMULO	PUBLICO
CARRUSEL	EVENTO	PUESTO
CASETA	GLOBO	SANTO
CHURROS	JUGUETES	TECNOLOGIA
CLIENTE	LETRERO	TIOVIVO
COMERCIO	LOCALIDAD	TOLDO
DESARROLLO	MUESTRA	

DEPORTES#4

```
A  R  B  I  T  R  O  B  A  L  O  N  V  Y  I
O  R  O  D  A  E  X  O  B  O  V  E  L  E  R
C  T  C  O  R  R  E  R  T  A  Z  Q  X  G  Q
A  R  S  C  O  N  T  R  A  R  R  E  L  O  J
I  T  O  E  N  A  D  A  R  J  P  A  L  B
P  M  S  N  C  T  I  T  H  G  U  I  N  F  R
U  E  P  A  O  N  E  C  T  T  G  V  Z  I  A
K  Y  R  U  N  M  O  N  U  R  A  O  A  S  Q
J  X  T  T  L  M  E  L  I  X  D  T  M  T  U
W  T  O  U  I  S  I  T  A  J  O  J  I  A  E
J  K  V  O  C  G  O  G  R  B  R  R  E  F  T
M  E  D  A  L  L  A  M  G  O  J  W  N  Q  A
A  T  S  I  L  L  A  D  E  M  L  P  T  C  M
P  E  L  O  T  O  N  A  G  O  R  R  O  R  P
P  E  N  A  L  T  I  P  O  R  T  E  R  I  A
```

ARBITRO	GIMNASTA	NADAR
BALON	GOLFISTA	PELOTON
BALONCESTO	IMPULSO	PENALTI
BOXEADOR	JINETE	PERTIGA
BOXEO	JUGADOR	PIVOT
CONTRARRELOJ	LANZAMIENTO	PORTERIA
CORRER	MEDALLA	PRORROGA
CRONOMETRO	MEDALLISTA	RAQUETA

LA MEDICINA#4

```
A  F  E  C  C  I  O  N  W  C  E  H  R  S  T
A  L  O  R  R  B  U  W  J  A  N  I  A  A  R
N  N  E  C  O  A  J  B  X  B  F  G  D  N  A
O  O  E  R  I  T  N  Q  E  E  E  I  I  A  T
N  C  I  S  G  T  C  A  Q  C  R  E  O  T  A
P  O  I  C  T  I  O  O  S  E  M  N  G  O  M
O  O  I  F  A  E  A  I  D  R  E  E  R  R  I
B  I  C  C  I  Z  S  N  B  A  R  Q  A  I  E
F  A  D  I  C  C  I  I  O  I  O  D  F  O  N
F  C  F  E  O  E  E  R  A  I  T  I  I  D  T
N  U  X  I  M  N  F  P  T  G  C  N  A  W  O
E  T  N  A  D  E  S  N  S  A  A  C  A  I  E
E  R  G  N  A  S  R  Q  I  E  C  W  A  R  I
O  T  N  E  M  A  C  I  D  E  M  I  R  E  V
O  D  A  R  A  P  E  R  P  X  V  K  C  Q  R
```

AFECCION	ESPECIFICO	REMEDIO
ALERGIA	HIGIENE	SANAR
ANESTESIA	INFECCION	SANATORIO
ANTIBIOTICO	MEDICAMENTO	SANGRE
CABECERA	POCION	SEDANTE
CICATRIZACION	PREPARADO	TRATAMIENTO
DOCTOR	RADIOGRAFIA	
ENFERMERO	REACCION	

CONTABILIDAD FINANCIERA#1

```
A  L  M  A  C  E  N  O  B  A  N  C  O  C  P
B  R  U  T  O  S  O  G  T  P  U  M  Q  I  R
U  T  I  J  Y  R  A  J  E  N  N  E  E  F  I
O  P  M  E  I  T  E  Z  U  S  E  C  V  R  M
P  E  R  I  O  D  O  N  N  L  T  I  Z  A  A
E  D  I  F  I  C  I  O  I  A  F  I  S  S  S
N  O  I  C  A  R  E  P  O  D  N  X  O  A  P
F  I  N  A  N  C  I  E  R  O  O  I  H  N  R
P  P  I  N  G  R  E  S  O  S  M  D  F  P  O
O  A  I  N  V  E  N  T  A  R  I  O  Z  S  V
R  E  S  U  L  T  A  D  O  S  S  G  E  V  E
A  C  N  I  B  A  Y  O  B  P  Q  I  I  J  E
H  P  Z  C  V  N  O  T  U  B  I  R  T  K  D
G  D  V  A  L  O  R  E  S  U  L  H  K  I  O
P  A  T  R  I  M  O  N  I  O  S  O  I  F  R
```

ALMACEN	FINANZAS	PATRIMONIO
ASIENTO	FLUJO	PERIODO
BANCO	GESTION	PRIMAS
BRUTO	HIPOTECA	PROVEEDOR
CIFRAS	INGRESOS	RESULTADOS
DINERO	INVENTARIO	TIEMPO
EDIFICIO	OPERACION	TRIBUTO
FINANCIERO	PASIVO	VALORES

LA MOTO#1

```
A N I B O B C A R T E R R Z N
C N I E D C I G U E N A L A F
H O E R N O S O N E R F N P A
A C M D R O D A Z I L A T A C
S O Q B A A I B C K A A L T D
I N U L U C N T S A H C R A M
S D I D A S R I S N D P R S N
E U L D U I T X L U I J Q P U
K C L M K B R I R O B L E W Q
Y C A X C Q U T B P S M L M L
J I M A T R I C U L A A O I Q
K O E J A N A R G N E A G C S
K N S O R R A B A D R A U G N
M A N T E N I M I E N T O I T
R O D A I C N E L I S P V J T
```

BOBINA	COMBUSTION	MATRICULA
CADENA	CONDUCCION	QUILLA
CARTER	ENGRANAJE	RIN
CASCO	FRENOS	SILENCIADOR
CATALIZADOR	GASOLINA	SILLIN
CHASIS	GUARDABARROS	TRIAL
CIGUENAL	MANTENIMIENTO	ZAPATAS
COMBUSTIBLE	MARCHAS	

OFFICINA#2

```
A  B  A  N  D  E  J  A  C  U  W  D  G  X  B
R  G  O  O  C  I  L  O  Z  A  T  E  O  N  R
M  C  E  F  I  H  S  A  R  A  R  S  M  P  O
A  N  E  N  A  R  I  E  C  E  T  P  A  O  W
R  H  U  T  C  R  A  N  N  O  H  A  E  R  F
I  U  O  A  R  I  G  D  C  O  L  C  I  T  N
O  L  E  P  A  P  A  I  N  H  A  H  I  A  A
R  O  T  I  N  O  M  D  L  E  E  O  O  F  N
A  R  O  D  A  P  A  R  G  O  L  T  W  I  O
E  X  P  E  D  I  E  N  T  E  B  A  A  R  S
O  I  R  A  N  O  I  C  N  U  F  E  C  M  X
N  E  G  O  C  I  A  D  O  L  L  E  S  A  N
E  V  I  R  D  N  E  P  S  O  B  R  E  S  O
S  A  T  N  U  P  A  C  A  S  T  I  N  T  A
S  U  E  L  O  T  E  C  N  I  C  O  M  N  P
```

AGENCIA	EXPEDIENTE	PENDRIVE
ARMARIO	FICHERO	PORTAFIRMAS
BANDEJA	FUNCIONARIO	SACAPUNTAS
BOLIGRAFO	GOMA	SELLO
CALENDARIO	GRAPADORA	SOBRE
CARPETA	LOCAL	SUELO TECNICO
CHINCHETA	MONITOR	TAZA
DESPACHO	NEGOCIADO	TINTA
DISENO	PAPEL	

ANGELES

```
N  A  M  L  A  O  T  I  D  N  E  B  D  R  S
N  O  L  C  A  C  I  E  L  O  O  Y  E  E  O
A  O  I  A  A  I  A  G  P  D  P  C  M  L  B
F  I  I  C  D  T  T  N  U  U  M  C  O  I  R
D  P  C  C  A  O  E  S  I  A  R  T  N  G  E
B  G  T  N  A  R  A  G  E  R  R  O  I  I  N
Z  A  F  H  E  I  O  I  O  L  T  D  O  O  A
L  V  A  Z  Z  E  C  D  S  R  E  C  A  N  T
H  U  M  A  N  O  R  N  A  E  I  C  O  B  U
M  I  L  A  G  R  O  C  U  G  L  A  C  D  R
U  T  I  R  I  P  S  E  D  N  O  G  M  J  A
I  N  F  I  E  R  N  O  K  X  A  F  I  W  L
M  E  N  S  A  J  E  R  O  S  O  N  O  R  T
A  I  G  O  L  O  T  I  M  B  P  R  N  C  Y
S  E  R  A  F  I  N  A  I  G  O  L  O  E  T
```

ADORACION	CREENCIA	MENSAJERO
ALADO	DEMONIO	MILAGRO
ALMA	DOCTRINA	MITOLOGIA
ANUNCIACION	ESPIRITU	PURO
BENDITO	GUARDA	RELIGION
CATEGORIA	HUMANO	SERAFIN
CELESTIAL	IGLESIA	SOBRENATURAL
CIELO	INFIERNO	TEOLOGIA

GUERRERO#1

```
A  N  A  R  R  A  B  L  A  O  P  M  A  C  I
L  R  C  L  A  E  T  A  H  C  A  H  M  H  N
F  O  E  R  L  V  J  L  P  P  L  H  A  O  V
E  V  D  D  U  A  I  E  U  I  L  S  L  Q  A
R  B  G  N  N  Z  T  S  R  P  L  I  L  U  S
E  M  Z  C  A  A  A  A  N  C  A  U  A  E  I
Z  I  P  Q  G  M  B  D  B  E  I  T  M  M  O
C  U  C  H  I  L  L  O  A  E  F  T  A  P  N
E  U  G  E  I  L  P  S  E  D  X  E  O  C  U
E  M  B  O  S  C  A  D  A  A  L  E  D  O  R
E  N  E  M  I  G  O  M  I  L  I  T  A  R  Y
E  S  P  A  R  T  A  N  O  I  C  R  E  T  P
O  M  S  I  L  A  D  U  E  F  J  U  U  R  X
G  L  A  D  I  A  D  O  R  V  I  O  C  J  L
E  U  G  E  I  L  P  E  R  S  B  P  W  K  T
```

ALBARRANA	DEFENSIVA	INVASION
ALFEREZ	DESPLIEGUE	MALLA
BANDERA	EJERCITO	MANDO
BATALLA	EMBOSCADA	MILITARY
CAMPO	ENEMIGO	PILUM
CATAPULTA	ESPARTANO	REPLIEGUE
CHOQUE	FEUDALISMO	RODELA
CRUZADA	GLADIADOR	TERCIO
CUCHILLO	HACHA	

DESCANSAR#2

```
E  S  R  A  D  O  M  O  C  A  E  H  C  O  N
A  N  O  C  H  E  C  E  R  F  A  T  I  G  A
R  P  A  A  Y  E  T  N  E  I  M  R  U  D  P
O  A  O  C  O  I  C  N  A  S  N  A  C  Y  I
O  L  T  S  A  E  S  R  A  M  A  C  N  E  L
P  C  U  R  E  M  A  R  O  M  E  N  R  S  T
R  O  I  B  E  N  A  T  A  P  L  L  O  O  R
T  E  S  R  M  P  T  H  S  L  O  A  N  F  A
J  Y  C  A  I  A  S  O  D  E  E  S  C  A  S
T  U  I  A  R  N  T  E  Z  Z  I  V  A  Z  H
S  H  I  H  Y  R  O  C  D  E  L  S  R  C  U
A  N  O  R  T  L  O  P  O  X  F  I  O  O  M
O  I  C  N  E  L  I  S  R  N  K  L  Y  G  F
E  S  R  A  T  S  O  C  E  R  Y  V  A  G  M
O  T  N  E  I  M  A  J  A  L  E  R  F  A  T
```

ACOMODARSE	FATIGA	RECOSTARSE
ANOCHECER	HAMACA	RELAJAMIENTO
APOSENTO	NOCHE	RONCAR
CALMANTE	NOCTAMBULO	SIESTA
CANSANCIO	ONIRICO	SILENCIO
DESPERTAR	PILTRA	SOFA
DURMIENTE	POLTRONA	SOPOR
ENCAMARSE	POSAR	VELAR

POLICIA#2

```
A  R  A  T  S  E  R  R  A  O  E  H  C  A  C
O  I  A  S  A  E  S  C  U  D  O  D  A  I  I
R  D  M  T  N  R  G  G  N  E  J  O  L  N  N
S  O  N  E  L  E  R  K  S  S  E  C  A  C  S
T  A  B  A  D  O  F  O  B  F  F  U  B  A  P
G  A  L  O  B  A  C  E  G  I  A  M  O  U  E
P  P  K  L  I  A  C  S  D  L  T  E  Z  T  C
M  V  R  C  E  E  R  A  E  E  U  N  O  A  T
A  I  D  R  A  U  G  T  I  L  R  T  C  C  O
O  N  R  U  T  Y  H  R  N  B  A  A  G  I  R
I  N  F  O  R  M  E  Q  G  O  Y  C  J  O  E
E  T  N  E  D  N  E  T  N  I  C  I  K  N  A
M  O  T  O  C  I  C  L  E  T  A  O  T  P  W
P  E  R  S  E  C  U  C  I  O  N  N  K  I  A
P  I  S  T  O  L  A  N  O  I  S  I  R  P  P
```

ACADEMIA	ESCOLTA	INTENDENTE
ARRESTAR	ESCUDO	JEFATURA
CACHEO	GORRA	MOTOCICLETA
CALABOZO	GUARDIA	PERSECUCION
CONTRABANDO	HUELLAS	PISTOLA
DEFENSA	INCAUTACION	PRISION
DESFILE	INFORME	ROBO
DOCUMENTACION	INSPECTOR	TURNO

AMAZONIA#2

```
A  N  A  C  O  N  D  A  C  D  O  D  L  L  R
O  R  A  A  Z  N  O  B  A  P  E  G  C  E  S
I  C  N  E  S  O  Z  U  L  I  L  R  N  G  E
O  R  O  A  T  G  M  D  Y  L  R  F  A  I  A
C  V  A  N  T  N  P  A  N  Y  I  A  O  H  R
O  R  U  S  A  E  L  H  O  O  R  N  N  U  T
U  S  E  T  E  B  I  A  Z  A  N  O  A  M  R
W  S  I  I  S  R  R  R  N  Y  U  C  A  E  N
X  L  E  S  C  E  V  E  R  I  V  L  C  D  S
R  C  L  P  T  P  Z  A  C  O  C  U  O  A  H
I  U  Y  K  S  E  F  F  C  L  C  I  B  D  D
J  H  J  Z  Q  E  M  D  O  I  T  L  E  I  N
D  G  E  N  A  P  A  W  B  O  G  R  N  O  I
C  A  T  S  E  R  O  F  E  D  N  G  O  T  C
E  S  N  I  L  A  C  I  P  O  R  T
```

ANACONDA	DELFÃ-N	ORILLA
CANOA	ECOSISTEMA	PIRANA
CAUDAL	ESPESURA	PLANICIE
CERBATANA	ESTUARIO	REGION
CIERVOS	HUMEDAD	RÃ-O
CONSERVACION	INDÃ-GENA	TROPICAL
CORRIENTE	INSECTO	YUCA
DEFORESTACION	MONO	

DIVERSION#1

A A I R E F O B C E G X D G C
F M S U I F J I A R T A K F F
I R E U Q E O E C T E S R O L
C U V N E S Y N H I S C I B P
I A S X O T I E O B L E A H O
O W R N A O S N N C L I L C N
D I C U N Y T D J R C U F P N
N A S A U G A E C J K C B I F
E S T E J O R O A N A R A J O
G E U J G A O T N E T N O C D
V Z G U D A D I R A L I H C A
Z N A G L O H A S A L E R O N
O I S U L I O E R R O T I P O
E D O G E R V I V I D O R J N
O I C C A F S I T A S R Z V

AFICION	FERIA	JARANA
AMENO	FESTEJO	JUEGO
ASUETO	FESTÃ-N	PITORREO
BIENESTAR	FIESTA	PLACER
BULLICIO	GARBO	REGODEO
CACHONDEO	GUASA	SALERO
CARCAJADA	HILARIDAD	SATISFACCION
CHISTE	HOLGANZA	VIVIDOR
CONTENTO	ILUSION	

ABISMO#3

```
A  A  A  B  O  E  N  O  R  M  I  D  A  D  P
C  G  L  A  M  D  F  O  S  A  S  I  M  A  I
A  U  T  J  I  A  A  O  G  E  R  B  O  L  E
N  J  U  A  N  O  R  L  O  T  A  J  O  C  L
T  E  R  D  T  O  Z  E  A  S  L  T  T  G  A
I  R  A  A  E  P  I  A  O  C  N  S  Y  Q  G
L  O  D  E  R  R  U  M  B  A  D  E  R  O  O
A  U  A  R  R  O  U  V  A  I  B  R  M  M  V
D  M  V  J  O  F  L  I  D  R  R  M  B  N  U
O  G  U  P  G  U  T  P  N  W  I  C  U  P  I
S  J  J  V  A  N  Z  C  X  A  C  N  M  T  E
M  U  H  U  N  D  I  M  I  E  N  T  O  P  U
R  B  U  C  T  O  T  I  D  N  O  C  E  R  F
S  O  N  D  E  A  R  N  T  F  S  S  I  L  Q
S  U  B  T  E  R  R  N  E  O  P  O  G  S
```

ACANTILADO	FOSA	PROFUNDO
AGUJERO	HUNDIMIENTO	RECONDITO
ALTURA	INMENSO	RIBAZO
BAJADA	INTERROGANTE	RUINA
CALADO	LOBREGO	SIMA
DERRUMBADERO	MAREO	SONDEAR
ENORMIDAD	MARINO	SUBTERRÃ¡NEO
EXPLORAR	PIELAGO	TAJO

EL PUERTO#3

O A L I T N A C O S T A U R G
D R P D D A R E L L O C S E K
F E E A E I G U L I N R X J V
C E F D R P Q A D L S P A T K
O U R E A E O U B I E T R F D
X R B R N R J S E A M U S E O
Q H E L Y S R O I S R A M W I
G A V I O T A A K T E R D J X
G V M D N G W S M R O C A A D
L H P P K E I H T A U P O R R
N H X Q M K G S A N I C I F O
A N P S T L H N T Q P T D X X
O R E U Q S E P I I T M D L F
A C S E P E D D E R C B D I R
R E F I N E R I A Z O A D L J

AMARRADERO	FARO	MUSEO
APAREJO	FERRY	OFICINAS
CANTIL	GABARRA	PESQUERO
COSTA	GAVIOTA	RADA
DEFENSAS	GRUA	RED DE PESCA
DEPOSITO	INGENIERO	REFINERIA
DIQUE SECO	LOGISTICA	
ESCOLLERA	MUELLE	

AYUDA#3

```
A  O  A  G  U  A  D  O  R  A  M  P  A  R  O
M  B  D  O  L  I  S  A  T  O  D  A  I  R  C
O  R  R  A  L  I  A  N  Z  A  V  M  C  P  F
R  I  A  I  G  O  M  D  J  G  G  A  D  L  A
O  E  L  I  G  E  B  P  A  M  T  E  F  Y  U
M  I  C  I  C  O  R  O  U  T  F  I  L  X  T
E  M  R  E  X  I  P  G  I  L  R  A  V  A  O
D  U  C  A  R  U  P  A  A  G  S  A  Y  W  R
I  R  L  B  T  O  A  S  R  E  A  O  O  K  M
A  A  U  L  N  I  V  D  U  A  B  R  A  C  V
C  L  O  M  A  B  N  A  K  A  P  C  F  W  H
I  L  V  O  W  Y  W  A  F  F  I  E  G  U  T
O  A  D  C  X  U  Y  B  M  A  Q  M  T  A  S
N  S  O  C  O  R  R  O  E  U  Z  B  N  O  I
R  A  N  G  U  P  O  R  P  U  H  F  T  O  K
```

ABRIGO	AUSPICIAR	IMPULSO
AGREGADO	AUXILIO	MEDIACION
AGUADOR	COARTADA	MURALLA
ALEGATO	CRIADO	OBOLO
ALIANZA	FAUTOR	PARAPETO
AMOR	FAVOR	PROPUGNAR
AMPARO	FAVORECER	SOCORRO
ASILO	HUMANITARIO	SUFRAGIO

LA MEDICINA#5

```
A  L  I  V  I  O  M  A  S  L  A  B  C  C  E
N  B  O  D  A  D  I  U  C  B  M  G  O  O  T
A  F  I  O  C  A  M  R  A  F  A  P  M  N  I
L  V  A  E  R  M  P  S  G  L  L  I  P  O  C
G  G  I  C  N  A  I  E  V  D  A  U  R  C  A
E  K  W  S  U  E  T  N  S  M  X  S  I  I  R
S  M  X  K  N  L  S  S  E  T  M  C  M  M  A
I  K  M  H  C  E  T  T  E  R  E  J  I  I  D
C  Q  M  N  V  Y  T  A  A  L  A  V  D  E  I
O  P  R  E  S  I  O  N  T  R  A  L  O  N  O
A  E  C  A  N  A  P  E  I  I  Z  M  W  T  L
O  P  E  R  A  C  I  O  N  E  V  R  Z  O  O
P  R  E  V  E  N  C  I  O  N  V  O  W  P  G
N  O  I  C  A  Z  I  N  U  M  N  I  T  R  O
O  S  E  C  O  R  P  T  E  R  A  P  I  A  V
```

ALIVIO	FACULTATIVO	PANACEA
ANALGESICO	FARMACO	PESTE
BALSAMO	INMUNIZACION	PRESION
BIENESTAR	INTENSIVA	PREVENCION
COMPRIMIDO	MAL	PROCESO
CONOCIMIENTO	MALESTAR	RADIOLOGO
CUIDADO	MINERAL	SALA
ETICA	OPERACION	TERAPIA

CAMMPAMENTO#1

```
A  B  C  A  N  A  V  A  R  A  C  L  Q  C  O
N  C  R  A  C  A  T  S  O  C  N  O  G  O  F
I  E  H  U  N  O  E  O  A  S  O  W  F  L  J
M  G  N  U  J  T  M  S  L  R  A  I  C  I  I
A  U  D  C  B  U  I  E  T  L  A  R  R  T  Y
L  A  E  A  E  A  L  M  D  E  I  P  Q  E  K
E  R  O  T  T  N  S  A  P  O  R  N  M  R  G
S  N  M  T  E  R  D  Q  O  L  R  I  R  A  K
F  I  Y  I  U  H  E  E  U  M  O  Z  L  O  L
X  C  L  J  L  C  C  B  D  E  R  R  Z  L  H
S  I  Z  G  J  I  A  A  I  O  R  E  A  C  A
Y  O  R  S  G  F  T  M  M  L  R  O  T  G  H
Y  N  M  E  D  I  C  A  M  E  N  T  O  S  W
I  L  F  U  N  A  T  U  R  A  L  E  Z  A  T
L  A  N  R  E  D  E  P  R  A  N  C  H  O  M
```

ANIMALES	ESTERILLA	MACUTO
BRUJULA	FOGON	MEDICAMENTOS
CANTIMPLORA	GUARNICION	MILITAR
CARAVANA	HORNILLO	NATURALEZA
CHUBASQUERO	LAMPARA	PEDERNAL
COMEDOR	LIBERTAD	RANCHO
COSTA	LITERA	RASO
ENCENDEDOR	MACHETE	RIO

EL HEROE#2

```
O C O N F L I C T O C E J M V
L I E J E M P L A R O S E I A
T A R L S G L Y M U N T F T L
A J E B E O C I O O T R E O I
J R L D I B M A D N R E O B E
O O K G I N R R T E A L P B N
E N G I S N I I O O R L Q Z T
N O B L E Z A C D N I A L W E
S A B E U R P N I A O R Z I C
A I G O L O T I M A D D T G V
A I C N E L U P R O C V N A O
R I N T E L I G E N C I A U P
O S E R G E R N R Y Y T O G P
O T E P S E R O G S E I R N W
S U P E R A C I O N M P A I R
```

BRIO	INICIACION	PATRIOTA
CELEBRIDAD	INSIGNE	PRUEBAS
CONFLICTO	INTELIGENCIA	PUNDONOR
CONTRARIO	JEFE	REGRESO
CORPULENCIA	LIDERAZGO	RESPETO
EJEMPLAR	MITO	RIESGO
ESTRELLA	MITOLOGIA	SUPERACION
IDEAL	NOBLEZA	VALIENTE

GANAR#2

```
O  R  I  R  I  U  Q  D  A  D  I  N  E  R  O
E  T  E  F  A  S  V  S  A  L  B  A  T  E  I
C  S  R  M  R  L  O  O  O  T  I  X  T  N  O
L  R  E  B  A  U  M  E  N  T  A  R  A  T  N
U  M  A  I  O  R  C  E  D  C  N  D  R  E  O
C  E  W  C  L  E  E  T  U  J  E  O  R  M  H
D  E  X  E  A  S  P  P  E  N  E  Q  C  A  R
X  E  F  U  O  A  U  S  R  E  N  A  A  R  A
M  O  T  D  D  W  R  S  E  J  M  M  W  E  R
R  O  E  N  C  A  R  E  C  E  R  B  P  L  U
S  V  A  L  A  R  U  C  M  N  I  P  R  O  D
U  C  T  O  G  R  A  C  E  R  O  R  A  R  E
P  S  O  R  P  G  G  B  F  P  M  P  R  O  V
E  C  H  O  D  B  E  D  D  A  G  T  R  I  U
N  F  A  R  T  H  D  D  C  Z  R
```

ACIERTO	ESPECULAR	RECARGO
ADQUIRIR	INTERCAMBIO	RETAR
ADUEÃ±ARSE	LUCHAR	SOMETER
ALIADO	MEDRAR	SUPERAR
AUMENTAR	MENUDEO	TABLAS
DINERO	PLUSVALÃ-A	TOMAR
ECONOMÃ-A	PRODUCTO	TRIUNFAR
EMBOLSAR	PROSPERAR	Ã©XITO
ENCARECER	PROVECHO	

LA LUZ#3

```
O  A  E  W  L  R  A  L  U  C  O  N  I  B  P
C  D  D  S  Q  F  N  A  L  L  I  B  M  O  B
E  A  A  N  P  L  G  B  R  I  L  L  O  C  R
N  A  N  R  O  I  U  F  O  T  O  N  O  R  A
T  L  P  D  B  O  L  A  H  V  Z  O  Q  I  Y
E  V  E  S  I  M  O  C  L  K  K  J  N  S  O
L  T  N  N  I  L  U  S  E  U  K  G  I  T  S
L  R  R  R  T  H  Q  L  R  U  M  B  R  A  X
E  N  W  T  C  E  C  Z  A  E  M  E  P  L  J
O  E  L  E  C  T  R  I  C  O  V  S  N  D  H
O  R  T  C  E  P  S  E  E  L  B  I  S  I  V
L  U  M  I  N  O  S  I  D  A  D  C  N  J  L
N  O  I  C  A  G  A  P  O  R  P  Q  O  U  Q
R  E  F  L  E  X  I  O  N  P  T  T  T  V  U
T  R  A  N  S  P  A  R  E  N  C  I  A  E  X
```

ALUMBRADO	CRISTAL	LUMINOSIDAD
ANGULO	ECLIPSE	ONDA
BINOCULAR	ELECTRICO	PROPAGACION
BOMBILLA	ESPECTRO	RAYOS X
BRILLO	FOTON	REFLEXION
CANDIL	HALO	TRANSPARENCIA
CENTELLEO	LENTE	UMBRA
CHISPA	LUMEN	UNIVERSO

UNIVERSO#4

```
R  D  X  N  S  A  P  O  G  E  O  A  R  Q  P
P  I  P  E  E  O  T  T  B  R  E  S  A  L  T
X  P  M  P  X  F  Y  O  T  M  J  T  D  X  R
D  G  L  T  J  O  L  U  M  U  C  R  I  Y  A
A  J  J  U  J  E  G  K  Z  O  H  O  O  L  S
O  T  A  N  T  I  M  A  T  E  R  I  A  C  L
A  L  U  O  R  G  E  N  O  R  E  J  U  G  A
A  I  E  A  A  A  A  S  O  E  L  C  U  N  C
V  C  P  I  N  D  S  A  T  I  B  R  O  O  I
T  U  I  O  C  O  N  L  P  A  Y  U  N  I  O
Q  I  E  S  R  K  R  O  U  J  C  Q  Z  L  N
V  Y  N  L  I  T  R  T  S  P  F  I  Z  X  M
K  N  N  E  O  F  N  S  S  G  G  X  O  M  N
J  D  R  U  Z  U  Z  E  R  A  Z  O  C  N  N
N  O  I  C  A  T  I  V  A  R  G  B  Y  O  U
```

AGUJERO NEGRO	ENTROPIA	ORBITA
ANTIMATERIA	ESTACION	PULSAR
APOGEO	FISICA	RADIO
ASTRO	GRAVITACION	SONDA
ASTRONAUTA	LASER	SOYUZ
ATOMO	MIR	TRASLACION
CIELO	NEPTUNO	VUELO
CUMULO	NUCLEO	ZENIT

AYUDA#1

A B N D N O I S E C N O C G M
P A E O A C U X M O D E R A R
O L F C I D H H K B A J P T C
Y U O B A T I O V I T A N O D
O A L S L Z S R K J I M F G G
B R D A V I D A A O Q E L P U
O T G A I K H F B C J K U I A
H E N O I C A R O B A L O C R
H O S P I T A L I D A D T A D
V F P I S Y N R P L S K M Y I
M E C E N A S A G J V Q C X A
L D L U I N T E R C E S I O N
O B S E Q U I O M A T S E R P
R E F U E R Z O K B G P M P R
N O I C A C I F I T A R G J H

APOYO	DAVIDA	MECENAS
BALUARTE	DONATIVO	MODERAR
BASTION	GARANTIA	OBSEQUIO
BECA	GRACIA	PRESTAMO
CARIDAD	GRATIFICACION	REFUERZO
COBIJO	GUARDIA	
COLABORACION	HOSPITALIDAD	
CONCESION	INTERCESION#	

OFFICINA#3

A G E N D A R C H I V A D O R
B U F E T E C G O R D A U C R
P X E M C A L C U L A D O R A
O I R S G E T E N I B A G S N
I I L O T N E M A T R A P E D
M A C C T A I R E T N A T S E
P P R I A I F O I R A T O N Z
R A O A F T N E S S E E V Q B
E P W S P I N O T I I G V M M
S E B G T M D A M A L L L G K
O L G J B I A E L C F L L A M
R E C E S X T L V P E D A O H
A R O D A L U T O R Z Q I D N
M A O N O F E L E T I N T A J
T I J E R A S V F M D Z L D B

AGENDA	ESTAFETA	POSTIT
ARCHIVADOR	ESTANTERIA	REGLA
BLOC	GABINETE	ROTULADOR
BUFETE	IMPRESORA	SILLA
CALCULADORA	LAMPARA	SILLON
CLIP	MONITOR	TELEFONO
CUADRO	NOTARIO	TIJERAS
DEPARTAMENTO	PAPELERA	TINTA
EDIFICIO	PLANTA	

LA MEDICINA#3

```
E A M B U L A N C I A B P R V
S U N C A P S U L A M A O E E
O I Q I O E F L W W K C C C N
E E S A R I N A A Z V I I E D
O M U I H I G F R G Z L M T A
S I E Q L C P A E M E O A A R
V C S R E A A S T R A L Z Y K
S I X J G H N O A N M C G B J
A R E P S E C A V O O E I S O
R M D A D I N A S I C C D A O
V I R U S Y V C U W T I G A I
S O R E M I R P I U W I D U D
O M S I N A G R O A Q A N E V
O T N E I M I R F U S E H E M
T R A S T O R N O R O K O E L
```

ACHAQUE	EMERGENCIAS	ORGANISMO
AMBULANCIA	ENFERMEDAD	POCIMA
ANALISIS	ESPERA	PRIMEROS
ASPIRINA	FARMACIA	RECETA
BACILO	LEGAL	SANIDAD
CAPSULA	LENITIVO	SUFRIMIENTO
CHEQUEO	MEDICO	TRASTORNO
CONTAGIO	MEDICO	VENDAR

LA MOTIVATION#3

```
E  R  A  Z  N  A  C  L  A  O  L  E  H  N  A
O  T  C  L  A  M  B  I  C  I  O  N  S  I  H
C  I  A  A  T  A  M  I  T  S  E  O  T  U  A
O  C  C  C  U  R  D  E  A  O  P  N  M  Z  R
M  R  F  I  I  S  U  E  M  S  T  L  U  K  E
P  E  C  J  F  C  A  I  C  P  E  I  A  O  N
A  A  R  F  Q  E  A  N  S  I  E  R  X  N  T
R  T  O  H  V  M  N  A  R  T  S  N  P  E  A
A  I  O  T  X  D  V  E  P  P  A  I  O  M  Q
C  V  Z  I  U  V  E  M  B  F  D  U  O  J  E
I  I  E  S  F  U  E  R  Z  O  B  I  A  N  H
O  D  N  O  I  C  A  V  I  T  O  M  S  E  D
N  A  E  S  P  E  R  A  N  Z  A  X  M  C  Z
W  D  R  A  L  U  M  I  T  S  E  H  S  U  M
N  O  I  C  A  T  I  C  X  E  D  X  B  M  C
```

ACICATE	COMPARACION	ESTIMULAR
ALCANZAR	CREATIVIDAD	EXCITACION
ALTRUISTA	DECISION	EXITO
AMBICION	DESMOTIVACION	PLAN
ANHELO	EMPENO	RENTA
AUTOESTIMA	EMPRESA	
BENEFICIO	ESFUERZO	
CAUSA	ESPERANZA	

OFFICINA#1

```
A O I R A M R A B O N E S I D
O G F D L T J J T A J V X G T
C I E A E A E R E E N J K O I
H A R N R S C P X T F D D M N
I W I A C G P O R X U A E A T
N T K U D I I A L A N K T J A
C R Q D D N A L C X C H P S A
H L E P A P E O O H I L B S E
E S E L L O J L I B O A P F Z
T O R E H C I F A R N Q A I R
A R O D A P A R G C A E R O A
E X P E D I E N T E R T K G G
R O T I N O M Y F Q I N O Y J
N E G O C I A D O D O A O N O
P E N D R I V E R B O S E R R
```

AGENCIA	DISENO	MONITOR
ARMARIO	ESTAFETA	NEGOCIADO
BANDEJA	EXPEDIENTE	NOTARIO
BOLIGRAFO	FICHERO	PAPEL
CALENDARIO	FUNCIONARIO	PENDRIVE
CARPETA	GOMA	SELLO
CHINCHETA	GRAPADORA	SOBRE
DESPACHO	LOCAL	TINTA

DEPORTES#3

```
A  R  B  I  T  R  O  B  O  X  E  O  C  D  P
O  E  L  L  A  C  O  C  S  I  D  R  O  H  I
O  T  D  O  Y  A  M  S  E  D  E  R  N  U  V
G  R  S  E  R  P  E  L  O  T  A  E  T  J  K
L  I  T  E  P  O  M  O  L  L  I  T  R  A  M
P  A  M  E  C  O  D  A  R  S  Q  G  A  D  T
R  E  N  N  M  N  R  A  R  M  F  N  R  T  E
S  E  N  Z  A  O  O  T  G  C  X  C  R  E  C
R  A  G  A  A  S  N  L  I  U  A  C  E  M  N
L  A  Q  L  L  M  T  O  A  S  J  D  L  P  I
M  D  M  U  A  T  I  A  R  B  T  I  O  O  C
F  B  D  J  E  S  I  E  L  C  H  A  J  R  A
A  I  R  E  T  R  O  P  N  K  V  Y  R  A  N
A  G  O  R  R  O  R  P  V  T  R  J  J  D  Y
A  T  S  I  L  L  A  D  E  M  O  A  O  A  O
```

ARBITRO	DISCO	PENALTI
BALONCESTO	GIMNASTA	PORTERIA
BOXEO	JUGADOR	PRORROGA
CALLE	LANZAMIENTO	RED
CONTRARRELOJ	MARCADOR	REGLAS
CRONOMETRO	MARTILLO	SAQUE
DEPORTISTA	MEDALLISTA	TECNICA
DESMAYO	PELOTA	TEMPORADA

FERIA#2

```
S  E  D  A  D  I  V  I  T  C  A  Z  N  A  D
O  E  B  A  I  L  E  S  O  R  B  I  L  E  G
S  L  N  N  O  R  J  S  E  V  D  R  J  U  A
I  A  U  O  E  T  A  U  E  C  I  E  L  T  N
L  K  N  C  I  M  R  N  E  R  T  T  A  V  A
U  L  F  E  I  C  A  E  I  G  E  O  S  T  D
M  V  Y  D  J  T  C  T  I  L  O  L  R  E  O
I  W  O  K  E  N  R  A  R  C  U  S  L  P  F
N  L  U  C  R  O  E  A  R  E  N  C  Z  A  O
A  Z  A  L  P  Y  I  R  N  T  C  O  T  R  T
C  Y  N  O  I  G  I  L  E  R  A  W  C  A  E
I  S  A  F  I  R  C  F  M  B  G  P  Z  D  M
O  S  E  D  A  D  E  V  O  N  M  I  A  A  Y
N  A  N  I  R  U  A  T  O  R  T  A  E  T  T
T  I  R  O  A  L  A  R  C  O  E  N  R  O  T
```

ACTIVIDADES	FESTIVO	RELIGION
ARTICULO	GANADO	RIFAS
ATRACCIONES	ILUMINACION	SECTOR
BAILES	JUEGOS	TALLERES
BERENJENAS	LIBRO	TAURINA
CERTAMEN	LUCRO	TEATRO
CONCIERTO	NOVEDADES	TIRO AL ARCO
CULINARIA	PARADA	TORNEO
DANZA	PLAZA	

EL PUERTO#2

```
A  N  O  P  R  B  B  N  O  C  E  L  A  M  A
D  L  O  D  S  O  A  I  N  A  T  I  P  A  C
U  A  C  I  R  Y  S  I  R  B  I  D  E  E  P
A  R  D  N  C  A  J  E  C  O  V  E  M  S  R
N  D  O  I  A  A  L  H  N  T  Y  P  B  T  A
A  B  J  D  C  O  I  O  Z  A  K  O  A  I  C
W  Q  L  O  E  A  R  L  B  J  L  R  R  B  T
B  R  P  R  E  N  P  R  P  E  W  T  C  A  I
A  S  U  L  C  S  E  A  O  M  B  I  A  D  C
O  D  A  C  S  E  P  T  C  M  A  V  D  O  O
S  O  R  E  D  A  E  D  N  O  F  O  E  R  E
O  R  E  J  A  S  A  P  J  O  O  G  R  T  T
N  O  I  C  A  G  E  V  A  N  C  S  O  A  C
S  A  L  E  R  A  S  A  P  G  A  U  B  Z  K
R  E  M  O  L  Q  U  E  T  A  J  A  M  A  R
```

ADUANA	CONTENEDOR	NAVEGACION
AMPLIACION	DEPORTIVO	PASAJERO
ANCLA	EMBARCADERO	PASARELAS
BOLARDO	ESCLUSA	PESCADO
BOYA	ESTIBADOR	PRACTICO
CABOTAJE	FONDEADERO	REMOLQUE
CAPACIDAD	MALECON	SENAL
CAPITANIA	MORRO	TAJAMAR

INVENTOS#1

```
A T E L C I C I B N U L I A C
B N A A R T I L U G I O S D I
D O T L D O T A R A P A A E N
E D L E U A E D I L B T A M E
S I E I O J D I R I S E C O M
A S A I G J U E V L G C N S A
R E D R R R O R V E Z N E T T
R N P J B U A S B O I I W R O
O O R P P O C F S H N C T A G
L T A X X W P E O P Y A O C R
L O U I S B R A I L L E N I A
O L A B O R A T O R I O N O F
R E S R O M L E U M A S U N O
M I C R O S C O P I O M B A V
Y R E V A S S A M O H T L Q P
```

ANTEOJOS	DEMOSTRACION	MARIE CURIE
APARATO	DESARROLLO	MICROSCOPIO
ARTILUGIO	DISENO	NOVEDAD
BICICLETA	GALILEO	OBRA
BOLIGRAFO	IDEA	SAMUEL MORSE
BRUJULA	ISAAC NEWTON	TECNICA
CAI LUN	LABORATORIO	THOMAS SAVERY
CINEMATOGRAFO	LOUIS BRAILLE	

HISTORIA#2

```
A E T R A P G Q J W G R G P M
N G L U X F D U E B E L P M O
I O R I D A I R E N O S A M N
N M I I R A H Y V R G C Q D A
D O P C C R A T N E R P M I R
E T A E A U A F I Z A I R L Q
P I P N T C L C D P F I L E U
E N U R I R I T O F I Z A L I
N Q T V L C O N U R A W B S A
D A T R E B I L U R R K S I Y
E B S A P G E D E M A E Q X Q
N O I L E B E R E O O A F X N
C N O I G I L E R M I C I L O
I O T N E I M A T N A V E L V
A N A C I O N A L I S M O K A
```

AGRICULTURA
ARTE
COMUNICACION
FERROCARRIL
GEOGRAFIA
GUERRILLA
IMPRENTA
INDEPENDENCIA

LEVANTAMIENTO
LIBERTAD
MASONERIA
MEDICINA
MONARQUIA
MOTIN
NACIONALISMO
PETROLEO

PLEBE
REBELION
RELIGION

EL HEROE#1

```
D I L A D A R D O R A G V H U
A R Q U E T I P O A D M K L B
A T R E V I D O A R U V A R B
C Z G D L S A E T N V U T F H
V O E E A E O S F I A C X N O
M I M M S D A V E E X Z T Z N
A Q A B R T I L I C N E A A O
I J D J A I A L T T N S M H R
U S V B E T F Z I A E I O S T
L E R U A L E A E B D J R R R
A D N E Y E L A Z O A L B P I
O S A D A J W J E R H H O U O
C I T N A M O R B V P L G N A
I R O T C I V M C D I S R F O
I Q I S Q K X U C X B V X O
```

ADALID	FIRMEZA	OSADÃ-A
ARDOR	GESTA	PRINCESA
ARQUETIPO	HABILIDAD	PROEZA
ATREVIDO	HAZANA	ROMANTICO
BRAVURA	HONOR	TRIUNFO
COMBATE	LAUREL	VIAJE
DEFENSOR	LEALTAD	VICTORIA
EXITO	LEYENDA	VIVEZA
FAMA	OBJETIVOS	

LA MOTIVATION#2

```
A  O  T  N  E  I  M  I  V  E  R  T  A  D  G
C  A  T  C  U  D  N  O  C  N  X  N  I  E  R
C  O  Z  N  I  I  M  P  E  T  U  B  L  P  A
I  U  M  N  E  N  N  P  P  S  L  D  U  R  T
O  A  N  P  A  I  F  T  R  P  E  Q  S  E  I
N  T  E  T  E  I  L  L  E  O  U  D  I  S  F
T  E  S  O  N  T  F  A  U  N  P  C  O  I  I
E  M  P  U  J  E  I  N  S  I  C  I  N  O  C
I  N  T  E  R  E  S  C  O  E  R  I  N  N  A
O  V  I  T  E  J  B  O  I  C  D  M  O  A  C
D  E  S  A  R  R  O  L  L  O  R  E  E  N  I
A  V  I  T  A  I  C  I  N  I  N  J  G  Y  O
P  R  E  M  I  O  P  C  L  I  O  O  R  X  N
R  E  C  O  M  P  E  N  S  A  R  R  E  I  R
R  E  S  O  L  U  C  I  O  N  A  A  U  H  D
```

ACCION	DESEO	INTERES
ATREVIMIENTO	EMPUJE	MEJORA
COMPETICION	GRATIFICACION	OBJETIVO
CONDUCTA	ILUSION	PREMIO
CONFIANZA	IMPETU	PROPINA
DEPRESION	INFLUIR	RECOMPENSA
DESALIENTO	INICIATIVA	RESOLUCION
DESARROLLO	INTENCION	TESON

MERCADOTECNIA #2

```
N  O  I  C  A  T  P  A  D  A  S  L  O  B  C
O  L  L  G  U  C  O  T  S  O  C  G  P  H  O
S  O  N  C  D  I  I  C  U  P  O  N  R  Z  M
K  I  E  A  I  C  N  E  T  E  P  M  O  C  E
A  I  S  R  T  C  A  G  R  J  Y  M  M  E  R
A  I  O  I  O  S  M  D  R  R  B  S  O  J  C
F  I  T  V  R  T  I  E  N  E  E  Y  C  E  I
V  V  C  N  I  C  I  R  N  A  S  U  I  C  A
Y  H  M  N  A  T  A  N  O  S  M  O  O  U  L
Y  Y  R  Q  E  R  E  T  O  Y  A  E  N  T  N
K  C  O  T  S  I  A  J  N  M  A  J  D  A  U
N  O  I  S  I  V  C  G  B  E  L  M  E  R  M
F  Q  C  M  N  B  Z  I  L  O  V  D  V  U  H
M  E  R  C  A  D  E  O  F  K  G  W  T  Q  R
H  O  B  S  O  L  E  S  C  E  N  C  I  A  L
```

ADAPTACION	CRISIS	MENSAJE
AUDITORIA	CUPON	MERCADEO
BOLSA	DEMANDA	MONITOREO
CICLO	EFICIENCIA	OBJETIVO
CIERRE	EJECUTAR	OBSOLESCENCIA
COMERCIAL	GARANTIA	PROMOCION
COMPETENCIA	INGRESO	STOCK
COSTO	MAYORISTA	VENTA

HISTORIA#3

```
E  O  A  P  E  R  E  S  T  R  O  I  K  A  D
A  D  M  I  C  A  B  A  L  L  O  N  E  E  E
C  T  A  S  S  F  C  D  I  Q  S  Q  S  X  S
H  O  S  D  I  E  Y  A  D  V  C  U  T  P  A
U  A  N  I  M  L  U  M  E  Y  Q  I  A  U  R
F  R  M  Q  U  O  A  G  A  M  S  S  T  L  R
C  B  B  B  U  Q  D  D  R  R  B  I  U  S  O
Z  V  H  E  R  I  N  E  U  U  X  C  T  I  L
X  U  M  C  R  U  S  O  R  E  B  I  O  O  L
V  G  G  D  M  T  N  T  C  N  F  O  S  N  O
D  I  N  A  S  T  I  A  A  E  A  N  F  M  T
A  I  C  A  R  C  O  M  E  D  R  P  G  M  O
O  M  S  I  T  U  L  O  S  B  A  I  J  J  J
N  O  I  C  A  Z  I  L  I  V  I  C  E  B  Y
A  R  U  T  I  R  C  S  E  G  P  Q  V  U  M
```

ABSOLUTISMO	EDAD MODERNA	MARXISMO
BURGUESIA	ESCRITURA	PERESTROIKA
CABALLO	ESTATUTO	RECONQUISTA
CIVILIZACION	EXPULSION	URBE
CONQUISTA	FEUDALISMO	
DEMOCRACIA	HAMBRUNA	
DESARROLLO	IDEA	
DINASTIA	INQUISICION	

DESCANSAR#1

```
A C O S T A R S E C C E R T R
L Z A F I T N A K A A N O A E
C O N O S I M A C B F S N L P
O E R I M R O D U E E U Q A A
B B R E V O A I S Z E U M R A
M J T C D I C V A N N I O A A
V C L A E U R L D A O D W C L
I R O N C B E O A H N O D I C
O N C I L I A R T N U U K O I
N S O M N I O C M I I F L N D
E S V E L A R S E E M R T M R
A G U R D A M Q N G V R O O A
N A I S R E P E F E L E O R A
M A J I P R A S O P E R L D E
S R A R E P U C E R M S L A
```

ACOSTARSE	DESVELARSE	ORINAL
ALCOBA	DORMIR	PERSIANA
ANTIFAZ	DORMITORIO	PIJAMA
CABECERO	DUERMEVELA	RECUPERARSE
CABEZADA	ENSUENO	REPARACION
CAFEÃ-NA	INSOMNIO	REPOSAR
CAMISON	LIRON	RONQUIDO
CATRE	LUNA	TALAMO
CONCILIAR	MADRUGAR	

DESCANSAR#3

B A N C O D D D U A D D X O Q
D E M O D H I O M N O G R E J
A E C A Z R C V R Q R Q G S L
O I S H C R A E A M M K W O I
S G C P A A E T L N I M E B T
O H R N E R L U C J L T R A E
B Z I A A R S L F O O G A R R
R T C Z T T T E I S N C W R A
E F D A M E S A O S E R S J T
V U U O R F L E D V E P E W U
O I C I C R E J E O N M U P M
M O I S E S O J Z D R X G P B
O N E U S D A D I R U C S O O
S I L L O N T C O D M J O B N
S O S E G A R S E M Q O G V A

BANCO	ESFUERZO	MOISES
CAMA	ESTANCIA	OSCURIDAD
DESPERTADOR	JERGON	PERNOCTAR
DIVAN	LECHO	SILLON
DORMILON	LETARGO	SOBAR
DORMITAR	LITERA	SOBRE
ECHARSE	MESILLA	SOSEGARSE
EJERCICIO	MODORRA	SUENO

LA MOTO#2

```
E  R  A  C  A  M  B  I  O  C  B  T  U  A  L
C  T  O  C  C  A  R  B  U  R  A  D  O  R  L
N  A  I  D  I  S  S  O  R  C  S  N  Q  A  A
A  O  B  E  A  M  E  L  L  E  T  E  E  B  N
E  L  X  A  C  R  A  N  F  D  I  Z  S  A  T
R  G  U  A  L  A  E  N  D  N  D  H  U  A  A
G  O  B  P  L  L  Z  L  I  U  O  H  T  B  G
E  C  R  L  U  C  E  S  E  D  R  N  O  U  F
S  F  M  D  F  C  X  T  X  C  O  O  I  R  F
C  A  R  E  N  A  D  O  E  U  A  R  A  P  V
S  E  K  O  T  I  U  C  R  I  C  N  E  R  S
B  Q  D  A  D  I  L  I  B  A  T  S  E  A  H
E  N  O  I  C  A  N  I  M  A  T  N  O  C  Y
G  U  A  N  T  E  S  V  C  M  A  N  E  J  O
E  S  T  R  I  B  E  R  A  L  L  I  N  A  M
```

ACEITE	CILINDRO	ESTRIBERA
ACELERADOR	CIRCUITO	GASES
AERODINAMICA	CLAXON	GUANTES
BASTIDOR	CONTAMINACION	LLANTA
CABALLETE	CROSS	LUCES
CAMBIO	CUPULA	MANEJO
CARBURADOR	ENDURO	MANILLAR
CARENADO	ESTABILIDAD	PINON

LA MADERA#3

```
O A A A B M A R C O J C J H S
I D R I S A O L L I L A P A Y
A O A M N T U W A X J R F W R
F G D R A A I L V A C P I N O
A U I A E Z S L O L C I T O G
F M E P P M O E L E I N G Z S
D A A G S A O N T A T T A B S
B R Z R O E H L O R R E S R O
A E N E M I H C G K A R C A T
A C L A T N U P A A J I O A M
N E T O R R A G C R A A V P E
P U N Z O N O U D V T C R J T
R O N C O B C S F W N O A S N
E M A R E D A M N Z V O W F A
M R O F A T A L P X F J C Z
```

AGLOMERADO	CORTEZA	PLATAFORMA
ARMAZON	ESPIGA	PORRA
ARTESANIA	FUEGO	PUNTAL
ASTILLA	GARROTE	PUNZON
BAUL	MADERAMEN	RAMA
CARPINTERIA.	MARCO	TECA
CHIMENEA	MASTIL	TRANCA
CLAVO	PALILLO	TRONCO
CONTRACHAPADO	PINO	

FISCALIA#1

```
E  S  T  A  D  O  A  C  U  S  A  C  I  O  N
A  L  A  S  I  E  F  A  N  E  U  B  D  D  I
C  L  C  A  R  C  E  L  M  P  Y  P  E  E  M
E  O  U  D  V  E  N  I  A  E  Q  R  C  T  P
J  L  M  D  R  U  O  E  G  N  T  U  L  E  A
W  Y  F  U  E  E  T  J  I  A  F  E  A  N  R
X  E  D  U  N  C  F  D  S  D  R  B  R  C  C
O  L  E  T  R  A  D  O  T  A  U  A  A  I  I
R  A  T  U  P  M  I  U  R  Z  A  A  C  O  A
I  N  C  U  L  P  A  R  A  O  R  X  I  N  L
O  S  E  C  O  R  P  L  D  F  D  R  O  W  I
E  L  B  I  N  U  P  D  O  J  O  A  N  Y  D
P  A  R  T  I  C  I  P  E  D  R  O  G  O  A
P  R  E  M  E  D  I  T  A  C  I  O  N  O  D
N  O  I  C  A  C  I  R  A  V  E  R  P  V  T
```

ACUSACION	ESTADO	PREMEDITACION
AUDIENCIA	IMPARCIALIDAD	PREVARICACION
BUENA FE	IMPUTAR	PROCESO
CARCEL	INCULPAR	PRUEBA
CEDULA	LETRADO	PUNIBLE
COMUNA	MAGISTRADO	SALA
DECLARACION	PARTICIPE	TOGADO
DETENCION	PENA	VENIA

AYUDA#2

```
A  C  O  G  E  R  A  E  O  I  U  T  Q  B  E
L  I  H  P  Z  D  L  T  T  N  X  Z  U  E  S
I  C  C  E  Y  H  T  B  E  R  V  Y  B  N  F
V  L  O  N  N  E  R  X  H  N  O  H  Z  E  U
I  E  N  S  E  R  U  I  R  S  U  P  S  F  E
A  M  T  I  X  T  I  I  N  J  O  A  A  I  R
R  E  R  O  V  I  S  A  P  M  O  C  R  C  Z
Y  N  I  N  G  R  M  I  C  I  R  I  N  E  O
U  T  B  F  F  M  O  Z  S  L  I  L  O  N  R
F  E  U  R  A  V  U  Y  D  A  O  C  E  C  E
F  X  C  D  E  F  E  N  S  A  A  M  B  I  F
N  O  I  C  A  R  E  P  O  O  C  C  U  A  U
T  M  O  F  I  L  A  N  T  R  O  P  I  A  G
G  E  N  D  A  D  I  N  R  E  T  A  R  F  I
O  V  I  T  A  I  L  A  P  R  O  J  I  M  O
```

ACOGER	CLEMENTE	FRATERNIDAD
ALIVIAR	COADYUVAR	PALIATIVO
ALTRUISMO	COMPASIVO	PENSION
APORTE	CONTRIBUCION	PROJIMO
ASISTENCIA	COOPERACION	REFUGIO
ATENUAR	DEFENSA	
BENEFICENCIA	ESFUERZO	
CIRINEO	FILANTROPIA	

LA MINA#3

```
C O C S A C E P I L L O D D H
O A C O R U U S O N D A E I I
B A N I K E E S C A L E R A D
R E L T P V S P I G L L R M R
E D X A E A M C I R Q Y U A A
K T A C P R Z T L L G H M N U
A N I L A G A R D A A K B T L
U G S I Q V F A V Q V R E E I
G A I R E L A G R A N I T O C
R A D A R O H D U A Q J T X O
I N G E N I E R O K P B L U W
A N R E T N I L F R Z M C E D
L A C I T R E V E V A A A X O
N O I C C E P S O R P O E L Q
V E N T I L A C I O N M O Y E
```

CANTERA	ESCLAVITUD	LINTERNA
CASCO	EXCAVADORA	PALA
CEPILLO	GALERIA	PICO
COBRE	GRANITO	PILAR
CUEVA	GRISU	PROSPECCION
DERRUMBE	HIDRAULICO	SONDA
DIAMANTE	HORADAR	VENTILACION
DRAGALINA	INGENIERO	VERTICAL
ESCALERA	LAMPARA	

MERCADOTECNIA #1

```
O  T  N  E  M  U  A  C  C  F  X  X  I  S  I
R  C  O  T  L  W  Z  A  A  L  C  O  D  O  I
E  A  O  H  O  Z  B  L  M  U  I  U  E  C  I
P  T  R  N  C  P  W  I  P  J  B  E  A  I  T
R  R  N  P  S  I  S  D  A  O  R  G  N  O  K
O  S  E  E  M  U  N  A  N  Q  Y  F  K  T  K
C  Z  R  C  R  O  M  D  A  J  A  B  E  R  E
E  V  X  Q  I  E  C  I  E  S  T  U  D  I  O
S  P  Z  X  V  O  G  P  D  X  X  P  G  S  D
O  I  N  N  O  V  A  C  I  O  N  R  Q  X  X
A  O  S  B  O  I  B  M  A  C  R  E  T  N  I
I  N  T  E  R  M  E  D  I  A  R  I  O  E  Y
M  E  R  C  H  A  N  D  I  S  I  N  G  U  F
N  O  I  C  A  Z  I  N  A  G  R  O  D  C  T
R  O  D  A  N  I  C  O  R  T  A  P  R  K  S
```

AUMENTO	GERENTE	PATROCINADOR
CALIDAD	IDEA	PRECIO
CAMPANA	INNOVACION	PROCESO
CLIENTE	INTERCAMBIO	REBAJA
COMPRAR	INTERMEDIARIO	SOCIO
CONSUMIDOR	MERCHANDISING	SPOT
ESTUDIO	NICHO	
FLUJO	ORGANIZACION	

LA MADERA#2

```
A  A  B  A  R  C  O  A  M  A  C  O  L  A  F
E  L  R  C  A  R  P  I  N  T  E  R  O  S  R
N  T  C  I  A  C  A  T  S  E  O  E  B  U  E
J  O  E  O  E  R  M  C  N  A  A  G  Y  W  S
U  M  I  N  R  T  R  U  S  O  L  G  A  W  N
G  K  T  T  I  N  E  A  E  E  G  L  I  F  O
U  D  U  O  S  R  O  T  T  B  U  A  A  V  D
E  P  A  L  O  U  A  Q  A  I  L  M  L  T  H
T  O  C  E  U  Z  B  L  U  R  U  E  V  G  W
E  P  E  R  C  H  A  M  C  E  U  G  T  C  E
O  D  A  L  B  A  T  C  O  V  U  G  L  K  U
A  S  E  I  V  A  R  T  C  C  D  X  O  C  R
V  E  N  T  A  N  A  N  I  L  O  I  V  K  Z
Q  T  Z  O  Q  O  I  H  H  I  I  B  Z  Q  P
B  C  A  E  Q  O  L  V  U  M  J  X  T  S  R
```

ALCORNOQUE	FAGOT	TABLADO
ARIETE	FRESNO	TALLA
BARCO	GUITARRA	TARUGO
CAMA	JUGUETE	TRAVIESA
CARPINTERO	MUEBLE	VENTANA
CLARINETE	MUESCA	VIGA
COLA	NOGAL	VIOLIN
COMBUSTION	PALO	ZUECO
ESTACA	PERCHA	

LA MOTIVATION#1

```
P  D  O  M  I  N  A  O  P  R  U  M  D  I  D
C  R  A  J  A  O  O  O  R  R  W  U  T  M  I
T  A  O  D  O  I  T  I  T  E  I  B  Z  P  N
C  O  P  Y  I  R  C  N  C  I  N  M  J  U  A
U  M  I  A  E  V  R  N  E  A  D  I  A  L  M
L  K  N  Q  C  C  I  A  A  I  R  E  D  S  I
M  J  S  B  M  I  T  T  S  T  M  I  R  O  S
I  Y  Q  I  J  W  D  O  C  X  S  I  P  O  M
N  F  I  R  M  E  Z  A  W  A  O  N  V  S  O
A  S  I  S  A  F  N  E  D  C  Q  V  O  O  A
C  O  M  P  E  N  S  A  C  I  O  N  J  C  M
I  D  E  T  E  R  M  I  N  A  C  I  O  N  U
O  C  I  R  T  N  E  C  O  G  E  Z  V  D  T
N  Z  E  D  I  P  E  R  T  N  I  N  E  O  X
P  E  R  S  O  N  A  O  Z  R  E  U  F  E  R
```

ACTIVIDAD	DETERMINACION	MOVIMIENTO
ANIMO	DINAMISMO	PERSONA
ARROJO	DINERO	PRIMA
ASPIRACION	EGOCENTRICO	PROYECTO
CAPACIDAD	ENFASIS	REDITO
COMPENSACION	FIRMEZA	REFUERZO
CONSTANCIA	IMPULSO	
CULMINACION	INTREPIDEZ	

GUERRERO#3

```
A  N  C  A  S  T  I  L  L  O  A  O  S  O  F
S  R  A  E  R  C  A  C  A  R  D  T  R  O  L
A  B  A  T  T  R  O  Z  O  D  I  U  O  B  P
L  W  P  C  I  N  A  N  A  R  A  V  C  C  E
T  P  M  S  A  P  A  T  F  R  S  P  A  S  L
O  D  R  A  D  B  A  D  I  L  O  A  S  L  E
N  O  C  L  A  H  L  C  N  M  I  C  R  E  A
H  O  N  D  A  W  S  A  U  A  I  C  K  I  U
A  Z  U  M  A  R  A  C  S  E  M  C  T  S  O
E  S  T  R  A  T  E  G  I  A  A  O  G  O  J
L  E  G  I  O  N  A  R  I  O  R  N  C  G  Y
A  R  B  O  I  N  A  M  A  R  C  H  A  K  D
M  A  N  T  E  L  E  T  E  Y  I  S  R  A  O
E  T  N  E  D  I  R  T  R  G  A  Y  L  J  N
Z  Y  O  B  Q  W  T  R  G  X  L  K  K  U  I
```

ALBACARA	COTA	LEGIONARIO
ASALTO	DARDO	MANIOBRA
CAPITAN	ESCARAMUZA	MANTELETE
CASTILLO	ESCUDO	MARCHA
CIMITARRA	ESPADA	MARCIAL
COMANDANTE	ESTRATEGIA	PELEA
CONFLICTO	FOSO	RIVAL
CORAZA	HALCON	TRIDENTE
CORSARIO	HONDA	

GANAR#1

```
C A C O M E R C I O P E S O G
A E T C O N T R A B A N D O L
P G T C R A I F A S E D L P O
I O A A E R Z V J D P G Q A R
T Z R S P L R O I U I R Y G I
A A J C T M O A I T G V Q A A
L E Y D U A E C D M O A N R G
A M U S S L R P G U E R D E P
N O I C A C I F I T A R G O E
N E G O C I A R U S U C P C R
R E I N T E G R O R V L E Z D
N O I C I D N E R Y R G L R E
O D A T L U S E R O T N A T R
T R O F E O F O U Y X H H Z Q
W A L V V Q X W R L M J P N X
```

CAPITAL	GRATIFICACION	REINTEGRO
COLECTA	JUGADOR	RENDICION
COMERCIO	LUCRO	RESULTADO
CONTRABANDO	NEGOCIAR	SUMA
DESAFIAR	PAGAR	TANTO
EMPATE	PERDER	TROFEO
ENVIDAR	PESO	USURA
GASTAR	PREMIO	VITOR
GLORIA	RECAUDAR	

CORONA#3

```
C M A S I N T O M A T I C O V
B H A C A N O H U M A N O I A
O U I H A R C I O O A Z R A C
N V L N U S E U C S G P S R U
A I C O A W O T B N P S A N N
C U A R E N T E N A E I E W A
I N D I V I D U O O C T T I C
I N F E C C I O N X R I N A R
I N F O R M A C I O N F O O L
I N V E S T I G A C I O N N C
A I G O L O I B O R C I M H H
O B S E R V A C I O N R U A K
A I M E D N A P O S I T I V O
O R E J A S A P O S O P E R A
P R O H I B I C I O N J O F A
```

ASINTOMATICO	HUMANO	OBSERVACION
BULO	INCUBACION	PANDEMIA
CASO	INDIVIDUO	PASAJERO
CHINA	INFECCION	POSITIVO
CONTENCION	INFORMACION	PROHIBICION
CUARENTENA	INVESTIGACION	REPOSO
FRONTERA	MAPA	RIESGO
HOSPITAL	MICROBIOLOGIA	VACUNA

LA MOTO#3

```
O  N  A  I  R  E  T  A  B  S  T  I  J  A  C
E  T  O  I  D  A  R  E  R  R  A  C  L  Q  H
S  M  N  I  J  A  T  A  E  R  O  T  O  M  O
P  M  B  E  C  U  T  E  T  F  R  P  O  Z  P
E  S  O  R  I  A  B  R  N  A  D  E  R  B  P
J  P  R  T  A  S  L  B  E  A  P  D  U  R  E
O  O  O  V  O  G  A  U  S  B  M  A  E  U  R
I  K  U  T  T  R  U  E  C  M  I  L  D  I  V
U  V  X  E  E  J  I  E  C  S  W  L  A  D  V
P  I  S  T  O  N  E  S  Y  H  A  N  D  O  Y
S  R  V  O  L  D  C  R  T  Y  W  B  T  T  G
S  I  D  E  C  A  R  I  L  A  K  P  C  I  S
A  I  R  O  T  C  E  Y  A  R  T  S  N  D  S
N  O  I  S  N  E  P  S  U  S  Y  S  D  M  L
O  L  U  C  I  H  E  V  Y  L  Z  E  O  R  D
```

ASIENTO	ESPEJO	POTENCIA
BASCULACION	LIBERTAD	POTENCIA
BATERIA	MANETA	RUEDA
BOTAS	MOTOR	RUIDO
BUJIA	MOTORISTA	SIDECAR
CARRERA	PATA	SUSPENSION
CHOPPER	PEDAL	TIJA
EMBRAGUE	PISTONES	TRAYECTORIA

DIVERSION#2

```
O D A R G A M O R B U L L A E
E N L L A P S I H C S N C K N
S R E A G H F G R O R G I A T
C I G R I A C A U O F V Z O U
A S R G F R Z I R S M A C T S
N O I U E N O A D R T U E U I
D T A Q K X E F R O A O H P A
A A H H W J U S U A L M O X S
L D K C X U U L E E P I J X M
O A I U O S B E T D N V B Y O
O T N E I M I C R A P S E U X
F E L I C I D A D G C S D X J
J O L G O R I O V C A I O A G
A I C N E R R U C O J M O E H
O M S I M I T P O X N J F N D
```

AGRADO	ENTUSIASMO	HUMOR
ALEGRIA	ESCANDALO	JOLGORIO
ALGAZARA	ESPARCIMIENTO	JUBILO
BROMA	EUFORIA	JUERGA
BULLA	EXULTACION	OCURRENCIA
CHISPA	FARRA	OPTIMISMO
DESENFRENO	FELICIDAD	ORGIA
DICHA	GUSTO	RISOTADA

LA MEDICINA#2

O N E T N A M L A C V X C D H
A I O R G O L C U R A R I O E
N C R I I E I L S D C P E L R
M O I O C X R C I I U I N E B
A I I N T N I M A M N M C N O
X G C C I A E L E L A B I C L
X N A R I L L T E N U C A I A
S O N L O S C U A R V C B A R
V I D A P B O S B O E I O R I
O C I D M I P E M G C G N O P
L A N T A S O S C A D E O I I
N Y E C C I O N I U W Z T R P
A C I E N T E W D D E V Q A P
A T O L O G I A D P N L U P R
E H A B I L I T A R F I A J

AMBULATORIO	GERMEN	PLAGA
ATENCION	HERBOLARIO	PLANTA
CALMANTE	INDISPOSICION	RECETA
CAMILLA	INOCULACION	REHABILITAR
CIENCIA	INYECCION	SECUELA
CLINICA	MICROBIO	VACUNA
CURAR	MÃ©DICO	VIDA
DOLENCIA	PACIENTE	VIGOR
ELIXIR	PATOLOGIA	

FIESTA#1

```
A  R  A  Z  A  G  L  A  C  C  C  C  G  H  M
E  N  C  A  I  R  E  F  A  E  O  O  U  O  I
S  T  O  G  N  G  R  R  R  M  T  I  M  T  E
O  E  I  V  A  D  O  R  E  P  I  R  E  O  E
L  N  H  C  I  L  J  A  M  A  L  N  N  P  L
S  I  A  O  A  C  A  C  O  R  L  A  A  U  F
A  P  F  E  C  R  O  A  N  S  O  L  J  E  E
E  T  E  S  L  K  O  J  I  A  N  D  E  B  A
U  S  A  C  E  P  I  M  A  Q  C  A  Q  L  F
N  Q  T  T  T  D  M  F  E  S  T  E  J  O  D
C  A  E  I  S  K  U  R  M  T  S  R  E  V  Y
C  R  T  V  E  C  K  C  D  N  D  I  H  W  S
H  P  A  A  O  L  U  D  I  C  O  P  H  P  H
B  E  W  J  U  E  M  L  R  O  T  C  G  H  G
L  I  T  U  R  G  I  A  O  I  W  P  X
```

ALGAZARA	CÃ-VICO	GUATEQUE
CARRACA	DESFILE	GUIRNALDA
CEREMONIA	ESPECTÃ¡CULO	HOMENAJE
COHETE	ESTATAL	JARANA
COMPARSA	FERIA	LITURGIA
CONMEMORACION	FESTEJO	LUDICO
COTILLON	FESTIVO	MITO
CUMPLEANOS	GALA	PUEBLO

DEPORTES#2

```
O U Q R D A O C A N A S T A E
O R V S O N R L A O N A C M S
L D E V R T O E L F L O G E G
R E U L S O O Z D A H C G T R
P O T J A R D R R N B D Y A I
H A D A L C O A E E A A A C M
C N T A R H A T N U U B C A A
W R Y I T A O T N E G F Y I O
R F Z B N C K G S A R R S S X
M A R C H A E A I I T T A E I
S A L T A R D P E T N D N L G
S U D O R V B O S L S E E E E
V I C T O R I A R E O E T T N
L X N P P H U P A R X V T J O
D U G T U Z U O F G Q L C H R
```

ALERO	ESGRIMA	PATINADOR
ANTORCHA	ESPECTADOR	SALTAR
BANDERA	GOLF	SUDOR
CABALLO	JUDO	TANTO
CANASTA	KARATE	TENISTA
CANOA	LARGUERO	TESTIGO
DORSAL	MARCHA	VICTORIA
ENTRENADOR	META	VOLEA
ESFUERZO	OXIGENO	

LA MINA#1

```
R  O  C  N  A  B  E  R  C  A  R  B  O  N  C
C  O  E  A  O  O  V  M  A  O  R  O  G  P  U
O  H  S  R  M  L  B  T  P  A  S  O  E  O  A
T  Z  I  N  R  I  I  I  A  R  F  W  O  L  R
A  B  R  M  E  E  O  F  T  U  E  Y  D  E  T
L  P  R  A  E  C  I  N  A  N  T  S  E  A  E
U  S  M  V  U  N  S  C  Z  H  E  E  A  Q  L
D  Z  E  S  Z  C  E  A  L  O  M  R  A  M  T
Q  D  M  G  O  O  D  A  R  F  O  C  N  E  W
O  T  N  E  I  M  A  P  I  U  Q  E  C  H  L
N  O  I  S  O  L  P  X  E  W  D  X  F  V  B
F  E  R  R  O  C  A  R  R  I  L  R  P  D  M
M  A  R  T  I  L  L  O  N  E  R  R  E  T  K
A  L  O  R  E  T  N  U  P  A  B  M  D  V  K
S  E  G  U  R  I  D  A  D  O  B  Y  R  Q  C
```

ASCENSOR	EMPRESA	MARTILLO
BANCO	ENCOFRADO	ORO
CAMION	ENTIBO	PASO
CAPATAZ	EQUIPAMIENTO	POLEA
CARBON	EXPLOSION	PUNTEROLA
CHIMENEA	FERROCARRIL	SEGURIDAD
CIERRE	FILON	TALUD
CUARTEL	GEODE	TERRENO
CUARZO	MARMOL	

NOTICIAS#3

```
A  O  S  I  V  A  D  D  G  V  H  R  P  N  R
N  G  V  C  A  A  C  I  M  Y  O  E  A  O  E
T  O  E  I  O  C  I  I  A  V  J  L  N  T  C
E  Q  I  N  H  M  I  F  N  R  A  A  C  I  U
N  S  B  C  C  C  U  L  A  O  I  T  A  C  E
A  M  V  E  A  I  R  N  C  R  R  O  R  I  R
A  V  E  U  N  G  A  A  I  I  G  C  T  E  D
P  O  N  O  F  E  L  E  T  C  C  O  A  R  O
P  A  S  N  E  R  P  U  Q  S  A  N  T  O  Z
A  T  N  E  R  P  M  I  V  C  I  C  E  O  R
U  H  Z  F  R  A  L  U  T  I  T  V  I  Z  F
J  M  A  Z  L  W  B  A  N  L  D  D  E  O  C
L  P  R  I  M  E  R  A  P  L  A  N  A  R  N
R  T  E  M  W  Q  T  E  L  E  G  R  A  F  O
A  D  N  A  G  A  P  O  R  P  D  F  U  U  F
```

AGENCIA	ENCICLICA	PRENSA
ANTENA	FOTOGRAFIA	PRIMERA PLANA
ARCHIVO	HOJA	PROPAGANDA
AVISO	IMPRENTA	RECUERDO
COMUNICACION	NOTICIERO	RELATO
CRONICA	NUEVA	REVISTA
DIARIO	PANCARTA	TELEFONO
DIVULGACION	PANFLETO	TELEGRAFO

LA LUZ#1

```
A  O  O  N  O  I  S  R  E  P  S  I  D  E  F
M  F  P  C  O  A  H  A  Z  V  E  L  A  N  L
P  L  A  M  I  I  I  V  R  X  M  Q  R  E  A
L  E  L  R  A  T  C  F  L  A  S  E  R  R  S
I  D  U  X  O  C  A  C  A  O  P  F  D  G  H
T  R  P  M  W  L  F  M  A  R  P  M  F  I  M
U  R  A  J  A  I  V  V  O  R  G  T  A  A  O
D  M  E  C  A  N  I  C  A  R  F  O  I  L  H
I  N  F  R  A  R  R  O  J  O  C  I  T  C  N
O  I  P  O  C  S  O  R  C  I  M  P  D  O  A
P  E  N  U  M  B  R  A  C  P  Q  B  T  X  F
P  O  L  A  R  I  Z  A  C  I  O  N  K  O  A
R  O  T  C  E  L  F  E  R  S  D  V  U  S  J
R  E  F  R  A  C  C  I  O  N  I  U  T  Y  C
U  L  T  R  A  V  I  O  L  E  T  A  T  O  I
```

AMPLITUD	HAZ	OPTICA
CAMPO	INFRARROJO	PENUMBRA
CROMATICO	LAMPARA	POLARIZACION
DIFRACCION	LASER	REFLECTOR
DISPERSION	LED	REFRACCION
ENERGIA	LUPA	ULTRAVIOLETA
FAROL	MECANICA	VELA
FLASH	MEDIO	VIAJAR
FOTOGRAFIA	MICROSCOPIO	

UNIVERSO#3

```
J U P I T E R K O I L E H V A
Z U L O N A S O E N M L P E N
Y G S N D O I P N L A W P N T
L U N A O I I G A O V R N U E
W L L C Y I L C R C Z I U S N
O N O B R A C O C E I O N E A
E S T R E L L A B A N O K S T
D A D I V I T A L E R E B F I
N O I S O L P X E E Z T Y E E
A L U C I T R A P Z T D A R M
E T I L E T A S L N Q S J A P
D A D I R A L U G N I S N H O
M I C R O G R A V E D A D O P
A V O N R E P U S S B F S B C
A R U T A R E P M E T D B B D
```

ANO LUZ	ESTRELLA	RELATIVIDAD
ANTENA	EXPLOSION	SATELITE
ATRACCION	HELIO	SINGULARIDAD
BOLIDO	JUPITER	SUPERNOVA
CARBONO	KELVIN	TEMPERATURA
CONSTELACION	LUNA	TIEMPO
ENERGIA	MICROGRAVEDAD	URANO
ESFERA	OZONO	VENUS
ESPACIO	PARTICULA	

NOTICIAS#1

```
A  O  B  D  A  T  O  C  N  C  O  X  R  T  C
A  C  L  O  G  X  G  A  V  I  S  I  M  I  J
A  N  T  U  L  A  E  B  D  R  U  J  D  R  J
L  I  M  U  C  E  C  L  U  C  P  Q  L  A  H
O  A  C  U  A  I  T  E  S  U  E  H  S  D  R
L  H  S  N  L  L  T  I  T  L  R  M  Q  A  E
T  A  C  N  E  O  I  R  N  A  I  Y  G  I  P
Z  J  N  A  O  D  C  D  A  R  O  W  I  F  O
C  G  Q  E  P  P  I  I  A  O  D  N  L  H  R
Z  I  O  C  S  S  S  F  N  D  I  J  M  T  T
O  T  I  R  C  S  E  E  N  F  C  W  L  V  A
D  A  D  E  V  O  N  D  R  O  O  Z  B  Q  J
D  I  F  U  S  I  O  N  U  R  C  R  R  U  E
E  F  E  M  E  R  I  D  E  S  O  Z  M  P  L
E  X  P  E  D  I  E  N  T  E  V  C  P  E  Y
```

ACTUALIDAD	DATO	MISIVA
ARTICULO	DESPACHO	NOVEDAD
BOLETIN	DIFUSION	PASQUIN
CABLE	EFEMERIDES	PERIODICO
CIRCULAR	ESCRITO	RADIO
COLUMNA	EXPEDIENTE	REPORTAJE
CONFIDENCIA	GACETA	SENAL
CORRESPONSAL	INFORME	TIRADA

MUSEO#1
Puzzle # 1

ABISMO#1
Puzzle # 2

A O R N O D U C S E _ _ D
O R N A O A I N C O G N I T A
_ Y C R V I R O I C E P S M P
_ O A E A S U P O Z O T I R
_ _ H N V C E S _ _ _ A S E
_ _ _ O A _ R I _ _ N T C
F A R A L L O N _ P F _ C E I
I N F I N I T O _ _ E _ I R P
I N C L I N A C I O N D A I I
R F D U T I N G A M _ _ O C
A V _ I O S C U R I D A D _ I
M _ A P E N D I E N T E _ _ O
P _ S P R E C I P I T A D O
A _ _ T _ N O R A T R A T
_ _ _ O _ O

CAMPAMENTO#2
Puzzle # 3

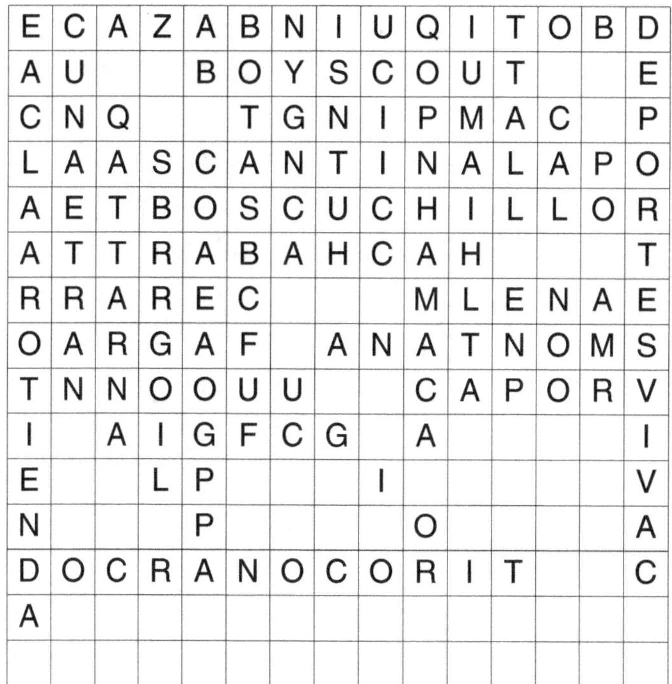

LOS GITANOS
Puzzle # 4

I A R T E B E _ _ B C _ _ C
N C L _ O A N L _ O _ A _ I
D G L O _ I F O I D _ O L _ N
I I _ A B L M L I A I N T E G
A P _ N A O E A S B _ _ I A
_ S _ _ O H Y H M U _ _ _ R
_ Y _ _ R _ C A O E L _ _ O
E R O L K L O F _ P B N C _ S
A R U T N E V A N E U B C X
G I T A N A P U E B L O O E D
A D I T N E D I N A M O R _ N
O I C U C E S R E P _ _ _ N
O I C A L B O P _ _ _ _ O
M S I C A R O M A N C E R O

FISCALIA#2
Puzzle # 5

```
A B S O L U C I O N A S U A C
A C C I O N P E N A L T     D
A S O V E L A D   O   C   E O
L F   N A D L E B E R A L   T
G O   D   F A L L O R     I
C U L   E L A C S I F   N
  I A I   N           T   C
    V C O R A O C N I O U   O
I R A N I L P I C S I D E O R
G A N O O L           N O I
R A N O I C N U F     T A T
S I L A N I M I R C     E R O
D A L S I G E L         M A
L V E R S A C I O N       P E
R J U R I O S R U C E R
```

TENNIS#3
Puzzle # 6

```
N A E C E P L O G C   R     T D
  O B I P       L H   A   I O
A   I R K U       A   Q V T B
  L   C E O N C   L R U E U L
  L U A I O T U L   E N L E
    I A T H R O E   T T O F
    T S R O     N R A A A A
    O     U N   G   D J   L
R E M A T E   D A E     A   T
C L A S I F I C A C I O N S A
    E N T R E N A D O R
F A L T A D E P I E U
M A T C H P O I N T   P
M U E R T E S U B I T A M
A R E U Q E N U M       E
```

CAMPAMENTO#2
Puzzle # 7

```
B O S Q U E B O T I Q U I N C
C C L A T U O C S Y O B     A
U A A E T C A N T I N A     B
C   M T T O C A Z A R R O G A
H A F P R R B A H   C       N
I   N O I E A   L C   A     A
L   E G N   U   A A   M
L     L A G   C   P H   A
O D E P O R T E S R A N I P H
M O N T A N A A P L A N O
O I G U F E R O P A D N E I T
O C R A N O C O R I T
C A V I V
```

UNIVERSO#5
Puzzle # 8

```
R N Z O A I R E T A M I T N A
O I O U R T       A C I S I F
R M M T Y G M A D N O M
  E O D U O E O     H A
  S T A L S N S     E R
    A A D P A O F T E
C U M U L O I     T R E A
C E S R A P   S   E E R
O R T E M A I D N   N J A
  O I R E F S I M E H A U
O T I N I F N I     D   L G
P O L V O R A S L U P     P A
S O N D A N O I C A L S A R T
A I R O T C E Y A R T
D A D I C O L E V Z E N I T
```

UNIVERSO#2
Puzzle # 9

```
G N A B G I B S O S R O C A V
F A S E L O S   P D O E     I
E D I O R E T S A U E M T   A
G A L A X I A       T B S E L
N O I C A R E L E C A N L O A
E G T M M S M S A       I A C
F S R N A A T I P R       K T
O P P A E G T R N I E       E
T L   E V I N E O E L D     A
O A     C E M E R N R C I   T
N S       T D A T I O A E S E
  M         R A Z I A M L   O
  A         O D N S     I   R
P R O P U L S O R   A M   A I
S I S T E M A         L O   A
```

LA LUZ#2
Puzzle # 10

```
A N T O R C H A C O L O R D F
S I R I O C R A N X R     E L
D D N N E F E C T O U A   S U
S A I O O O S       R L F L O
  I D O I I G A       O   U R
    S I D S C E F       C M E
      I R O R A U A     Q B S
A M A L L A   O U F G   U R C
O I C A V O L   T C     I A E
L U M B R E T C   S E   N R N
A M S I R P   O     I   Q   T
A N R E T N I L F       D U E
D A D I C I R T C E L E E
S I S E T N I S O T O F
A I C N E R E F R E T N I
```

POLICIA#3
Puzzle # 11

```
A A E T N E G A E H C O C   C
C C D E L I T O M         C H
O   T U A         O R D E N O A
A     U A T H A M P A     M L
R     L A N E S P O S A S I E
T     A   C A S P E R R O S C
A     D A S I S T E N C I A O
D I   R     O F A         R F
A   C O       N I D       I I
A I C N A D N A M O C O     A C
E T N E U C N I L E D H S     I
  O I R A N O I C N U F E     N
      R E G I S T R O R A     A
A N E R I S   D               O
N O I C A I L I F
```

LA VERDURA#3
Puzzle # 12

```
A O A C A L A B A Z A C C R
G I J L U C H Z       A A A
U   U A C L L O I     L U B
A     Q T A T O J A   A P A
        E N C I R A R B I N
D U L A S C A H V O   A     O
A T R E U H A L O O F C
C O L I F L O R P F   I
G A S T R O N O M I A N L
E T N A S I U G P A T A T A
A L E U H C I B A H
M A N D I O C A O R R E U P
P I M I E N T O V I N A G R E
V I T A M I N A S
Z A N A H O R I A
```

UNIVERSO#1
Puzzle # 13

O	L	O	P	A	E	M	E	R	C	U	R	I	O	C
A	L	O	N	R	U	T	A	S	Q	U	A	R	K	O
	R	C		O	O		R	C	U	A	S	A	R	M
		R	I		I	L	A	A				F		E
			E	C		S	U	S	M			U		T
	E	C	L	I	P	T	I	C	A	A		S		A
R	A	D	A	R	T			M	S	M	V	I		
C	O	N	J	U	N	C	I	O	N	U		O		R
E	P	I	C	I	C	L	O				P	N	N	O
A	R	E	F	S	O	T	A	R	T	S	E	E		T
M	E	T	E	O	R	I	T	E					R	A
A	S	O	L	U	B	E	N							C
E	I	C	I	F	R	E	P	U	S					I
T	E	L	E	S	C	O	P	I	O					O
T	R	A	N	S	B	O	R	D	A	D	O	R		N

MUSEO#2
Puzzle # 14

E	A	D	Q	U	I	S	I	C	I	O	N		E	
A	S	R	C	N	E	A	O	E	L	O			S	
	I	T	U	O	O	D	I	M	D				T	
A	R	U	A	T	L	I	I	R	U	E			A	
	R	O	G	D	R	E	C	F	E	E	S		N	P
		U	D	O	O	E	C	A	I	L	S		T	E
			T	A	I	A	P	C	G	C	A	T	E	R
				N	G	D	I	A	I	E	I	G	R	M
					I	I	U	L		O	L	O	I	A
O	I	C	A	L	A	P	T	A	P		N	E	A	N
N	O	I	C	A	V	R	E	S	N	O	C		D	E
S	A	R	U	T	L	U	C	S	E		N			N
E	T	N	O	L	O	G	I	C	O	V		A		T
E	X	P	O	S	I	C	I	O	N		N		P	E
O	T	I	R	C	S	U	N	A	M			I		

IRREAL
Puzzle # 15

A	A			A		E	A	D					E	F
B	D	L		P			N	O	E				S	A
S	U		U	O			H	G	I	L			P	L
T	L	O	A	C	E	E	E	S	A	R	I		E	A
R	T		D	R	I	R	L	O	U	N	U	R	J	Z
A	E	U			I	B	N	O	B	I	E	O	P	I
C	R		T	F	G	I	A	P	I	G	N		S	O
T	A	T		O		N	T	C	R	S	A	O	M	E
O	D		I		P		I	R	I	O	I	L	O	S
	O			F		I		F	A	O	C	V	P	O
		O	I	C	I	T	C	I	F	R	N	N	N	F
S	I	M	U	L	A	C	R	O			I		I	I
F	A	N	T	A	S	T	I	C	O		O			S
	E	L	B	I	G	N	A	T	N	I				M
I	N	V	E	N	T	A	D	O	L					A

MERCADOTECNIA #3
Puzzle # 16

E	E	N	A	N	A	L	I	S	I	S	B	D	P	R
C	T	C	E	I	F	R	S	P	A	M	E	I	R	E
D	O	N	N	C	N	R	E				N	S	O	E
S	E	M	E	A	A	A	A	D			E	E	D	M
	O	S	E	G	C	M	P	N	I		F	N	U	B
		R	C	R	A	L	L	M	Q	L	I	O	C	O
	E		R	U	C			A	A	O	U	C	T	L
		M			E	E	I				C	I	O	S
			P		P	N	O	N	E	G	O	C	I	O
E	M	B	A	R	G	O	T						I	
M	E	N	U	D	E	O		O						A
						S	F	E	E	D	B	A	C	K
I	M	P	U	L	S	O	A							
A	C	I	T	S	I	G	O	L						
M	I	N	O	R	I	S	T	A						

TENNIS#2
Puzzle # 17

A	N	O	I	C	A	I	C	O	S	A	F	O		
E	C	E	I	P	A	R	T	N	O	C	O		U	
E	C	E	C	U	E	D	O	A	R	O	N	D	A	T
A	F	U	J	U	E	Z	A	B	G		D			
O	E	E	R	S	P			J	O	N	O			
P	L	N	C	C	E	I		S	E	L	A	U	G	I
A	T	E	T		T	S			D	G	M			S
D	O	L	L	O	S	O	T	X	I	M				I
	A	P	A	R	E	J	A	A	S	A	Q	U	E	L
		R	T	R	O	I	C	I	V	R	E	S		L
			O	E	A									O
				P	N	P								
					M									D
A	D	I	C	O	L	E	V							
							T							

GUERRERO#2
Puzzle # 18

O	A	S	A	M	R	A	A	D				L	A	C
N	D	R	A	G			L	S	I			A	T	O
B	O	I	M	Z	A	G	C	B	E	L		N	A	M
F	A	C	R	A	I	D	A		E	D		Z	L	B
L	U	S	A	R	D	L	Z	R		L	I	A	A	A
E		E	T	R	E	U	A		R		I	O	Y	T
C		E	R	I	R	U	R			O		C	A	E
H			S	T	O	A	G	A			T		O	S
A				N	E	N	B	A				E	F	A
B	R	O	Q	U	E	L	A	H	C	U	L		E	M
P	E	L	T	A		R							N	U
O	T	N	E	I	M	A	T	U	L	C	E	R	S	R
R	E	F	R	I	E	G	A	S					I	A
S	O	L	D	A	D	O			A				V	I
										C			A	

GANAR#3
Puzzle # 19

A	O	A	O	I	C	I	F	E	N	E	B			
G	N	S	V	F	D	O	M	I	N	A	R			
R	A	I	N	A	O	R	B		O	E	O	R	H	A
A	N	Q	E	R	N	I	R			T		M		V
	E	A	U	C	I	D	N	A		I		I		A
		L	N	I	S	C	O	U	R	N	R	G		R
			O	C	L	A	I	T	E	C		O	A	N
I	U	R	G	I	A		A		I	R		M	R	A
R	G	O	L		A	R	E	N	E	T	B	O	A	I
C	N	E	R	E	H		V		M	L			M	E
J	O	R	A	R			E		E		P		O	I
L	O	P	O	N	O	M	N		N				P	E
R	C	I	B	I	R		C		T				A	T
C	E	L	O	C	E	R	E		O				R	E
M	B	O	L	S	O		R							

AMAZONIA#1
Puzzle # 20

A					C	B	B	O	A	A				
O	N				A	O	I	E	N	M	V			
O	T	F			L	S	O	S		O	I	L		
E	C	N	I		O	Q	M	P			B	L	E	
F	C	I	E	B	R	U	A	E				R	C	S
R	L	O	T	I	I	E	S	C	U	E	N	C	A	
L	A	U	L	A	M	O	A	I						C
	I	U	V	O	M	A	S	E	L	A	B	O	L	G
		T	G	I	G	I	T	S					P	T
			P	A	A	I	L	N					A	I
				E	J	L	A	C	E				I	E
E	X	P	L	O	R	A	D	O	R	L			S	R
A	I	R	E	D	A	N	A	G			A		A	R
S	I	S	E	T	N	I	S	O	T	O	F	C	J	A
M	A	R	I	P	O	S	A	A	V	R	E	S	E	R

INVENTOS#2
Puzzle # 21

TRADICION
Puzzle # 22

ABISMO#2
Puzzle # 23

HISTORIA#4
Puzzle # 24

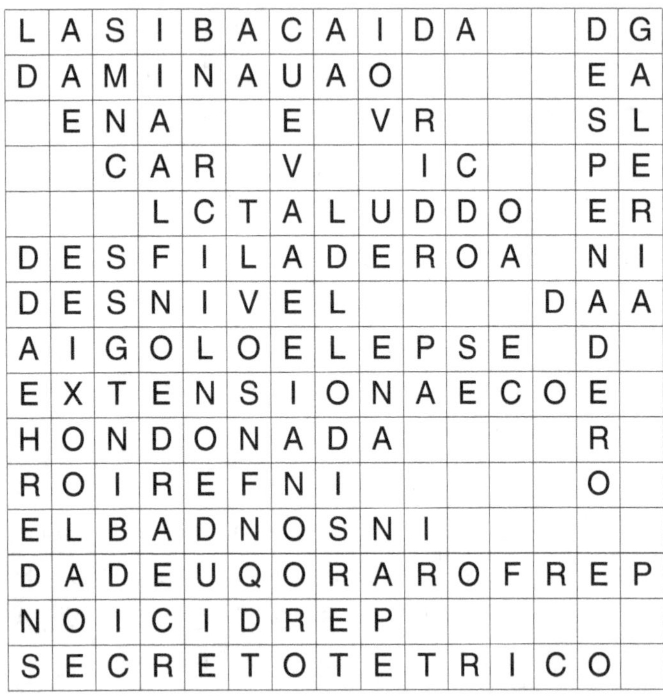

CORONA#1
Puzzle # 25

S	O	N	D	C	O	M	E	R	C	I	O	F	R	V
O	M	T	O	A		C	P	A	O			O	E	I
	D	O	N	I	D		I	A	N			C	G	R
		U		E	V	U	H	N	T	O		O	I	U
			N		I	A	I	I	A	O	S		O	S
F	I	E	B	R	E	M		C	G	P	G	R	N	
N				O		A		I	I		E	E		
	O			T		L		O		E		N	P	
A	M	I	T	C	I	V	S		S		N		O	
		T				E		I		E				
			S	S	O	L	E	U	N	A	P			
		I	N	T	E	R	N	A	C	I	O	N	A	L
			G											
M	O	R	T	A	L	I	D	A	D					
P	R	E	V	E	N	C	I	O	N					

LA MEDICINA#1
Puzzle # 26

O	T	O	D	I	T	N	A	P	O	T	E	C	A	B
S	E	J	A	B	E	R	B	C	R	O	L	O	D	A
N	O	T	C	O	O	S	E	A	I					C
F	A	I	N	I	C	N	C	T	D	T				T
A		M	L	A	R	I	E	O	N	I	O			E
C			A	I	M	U	T	L	R	E	V	B		R
U			H	X	L	J	S	A	B	I				I
L				C	U	A	A	O	G	U	C			A
T	M	E	D	I	C	O	A	C	N	N		T	A	
A	L	A	T	I	P	S	O	H		O	G		O	P
D	I	N	Y	E	C	C	I	O	N			A		
I	N	D	I	S	P	O	S	I	C	I	O	N	I	
P	R	E	D	I	C	C	I	O	N				D	
S	A	N	G	U	I	N	E	A						
T	R	A	T	A	M	I	E	N	T	O				

EL PUERTO#1
Puzzle # 27

A	A	O	O	O	A	R			B	E				S
T	B	M	R	R	C	L	A		O	C	U			I
R	A	L	P	E	E	R	A	M	C	A	L	Q		L
A		N	A	L	L	N	A	C	A	R	O	E	U	O
C		G	E	I	L	E	B	N	G	N	S	M	B	
A			I	D	A	I	L	A	A	J	P	A		
R			S	E	C	T	L		A	I	R			
V	I	A	L	E	S	N	U	I	S	A		G	I	
A	N	E	S	R	A	D	O	Q	O	A	B	O	N	
N	O	I	C	A	T	S	E	C	U	N		N	A	
		C	O	N	T	R	A	D	I	Q	U	E		
N	O	I	C	A	C	R	A	B	M	E				
N	A	L	A	T	N	A	P	T	E	S	T	E	R	O
S	O	I	R	O	V	R	E	S	E	R				
O	C	I	F	A	R	T								

LA MINA#2
Puzzle # 28

O	S	E	C	C	A	O	N	E	R	R	A	B	C	D
E	R	N	F	O	P	M	R	A			O	A	I	
X		R	O	O	M	E	R	R	T		M	S	N	
P		U	I	S	U	P	E	E	E		B	T	A	
L		B	C	F	H	I	B	I	V	A	I	M		
O	L	A	N	E	S	A	A		T		H	M	L	I
S	N	I	L	L	O	H	T	T		A		E	L	T
I	A	C	I	M	I	U	Q	O	O		T	E	A	
V	R	A	R	O	F	R	E	P	L		R	T		
O	A	R	O	D	A	Z	O	R		P	O	E		
P	R	O	F	U	N	D	I	D	A	D	X	S		
S	U	M	I	D	E	R	O				E			
T	A	L	A	D	R	O	A	T	E	N	O	G	A	V
T	R	A	N	S	P	O	R	T	E					
Y	A	C	I	M	I	E	N	T	O					

DEPORTES#5
Puzzle # 29

M	A	O	B	O	T	A	C	O	R	R	E	D	O	R
A	N	T	C			T	A	A	F	U	T	B	O	L
R	I	D	E	R		L	A	T	S	I	L	C	I	C
A	M	O		L	A	E	N	M	L	C	L	O	G	
T	A	P		P	C	T	S	O	A	O	O			
O	D	I			I	I	A	Q	L	I	C			
N	O	N	C			S	C	L	U	T	L	S		
G	R	G		N		M	T	I	L	I	A	L	E	
I				A	O		A	B	A	A	C	O		
M				E	S	T	A	D	I	O	V	D	E	T
N					O	B	S	T	C	U	L	O	D	A
	A	D	A	I	P	M	I	L	O				R	S
O	D	I	T	R	A	P		D						I
R	E	C	O	R	D	R	O	D	A	R	I	T		A

EL AGUA
Puzzle # 30

O	R	E	B	E	B		A		B			J		G
F	R	A	T	O	R	B	L	C	A	N	T	A	R	O
O	L	E	D			F		L				R	P	T
N	F	U	D	E			A	T	N			D	U	A
		I	I	J	A	S		G	D	E		I	B	V
		E	R	O	V		U		A	R		N	L	E
		V	G		E	A	A	R	C	M			I	N
	B	E	B	E	D	E	R	O	I		S	A	C	E
N	A	T	U	R	A	L	A	B	O	V		A	A	R
C	O	R	R	I	E	N	T	E	A		U		C	O
E	S	C	U	L	T	U	R	A					L	
E	S	T	A	N	Q	U	E	P	O	T	A	B	L	E
N	O	I	C	A	R	T	L	I	F					
H	O	N	T	A	N	A	R							
L	A	I	T	N	A	N	A	M						

FERIA#3
Puzzle # 31

A	M	B	U	L	A	N	T	E	O				A	D
A	I	R	E	T	U	S	I	B	T	C				U
O	I	C	I	L	L	U	B			E	R			L
N	R	R	O	D	I	S	F	R	A	Z	H	I		C
F	O	E	O	N	L					F	T	O	C	E
I	A	I	N	T	C	A				O	E	T	C	S
E			I	C	O	I	U	R		L	M	O	V	
S				R	I	H	S	R	U	C	P	M	E	
T				T	S	U	O	S	R	L	O	B	N	
A					S	O	B	P	O	O	R	O	T	
S	T	A	N	D	S	U	P		X	R	A	L	A	
E	J	A	T	N	O	M	D	X		E	L	A		
A	L	L	I	U	Q	A	T	N	E	T	R	A	C	A
	I	N	T	E	R	N	A	C	I	O	N	A	L	
O	L	L	I	D	A	C	R	E	M					

CORONA#2
Puzzle # 32

O	A	T	A	J	A	R	C	E	P	A				C	L
C	D	S	E	D	A	D	I	R	O	T	U	A	O	A	A
R	O	A	C	I	E	R	R	E	S	O	T			N	V
E	O	S	T	E	P	I	C	E	N	T	R	O	T	A	R
S	T	T	C	G	N	N	O	T	I	C	I	A	R		
	A	C	E	E	R	O	G	M							C
		F	O	S	F	I	I	R	S						T
			D		A	P	S	E	I						O
E	X	P	A	N	S	I	O	N	E	I	S	R			
M	A	S	C	A	R	I	L	L	A				M	O	U
M	E	D	I	C	A	M	E	N	T	O					T
P	A	C	I	E	N	T	E	S	I	N	T	O	M	A	
O	C	I	T	S	O	N	O	R	P						
N	O	I	C	A	G	A	P	O	R	P					
R	E	P	A	T	R	I	A	C	I	O	N				

CAMMPAMENTO#1
Puzzle # 33

A	N	I	M	A	L	E	S	A	L	U	J	U	R	B
C	O	R	E	U	Q	S	A	B	U	H	C			L
A	A	C	G	N	D	E	S	T	E	R	I	L	L	A
N	F	R	O	U	C	A	L	R	S	R	I	O	H	M
T	O	E	A	M	A	E	T	I	A	O			O	P
I	G	M	T	V	E	R	N	R	T	S	C		R	A
M	O	A		E	A	D	N	D	E	E	O		N	R
P	N	C			H	N	O	I	E	B	R		I	A
L		U			C	A	R	C	D	I	A	L		
O		T	O	H	C	N	A	R		I	O	L	L	
R		O	M	R	E	T		M			O	R	O	
A	M	I	L	I	T	A	R					N		
M	E	D	I	C	A	M	E	N	T	O	S			
A	Z	E	L	A	R	U	T	A	N					
P	E	D	E	R	N	A	L	T	U	R	I	S	M	O

HISTORIA#1
Puzzle # 34

A	B	D	I	C	A	R	A	G	M					C
G	I	O	A	C	A	C	P	R	U	O				A
R	D	S	M	I	A	L	I	A	U	E	T			P
I	E	O	E	S	C	M	I	L	S	T	R	I		I
C	M		L	L	I	A	P	F	O	A	L	R	N	T
U	O			G	G	N	R	E	A	T	D	U	A	A
L	G				I	I	O	C	S	T	A	O	C	L
T	R				S		I	O	I	O	C		I	
U	A	T	I	E	M	P	O		C	T	N		S	
R	F	I	N	V	A	S	I	O	N	A	S	A		M
A	I	G	O	L	O	N	O	R	C		L	I	D	O
	A	R	U	D	A	T	C	I	D			S	R	O
E	X	P	A	N	S	I	O	N				I	A	
D	A	D	I	N	A	M	U	H					A	
O	M	S	I	L	A	N	O	I	C	A	N			

LA MADERA#1
Puzzle # 35

A	B	E	D	U	L	O	B	R	A	C	H			
A	S	E	R	R	A	D	E	R	O	O	L	A		
C	A	B	A	L	L	E	T	E		F	M	E	Y	
A	N	I	C	N	E	P	B	S		R	A		N	A
O	D	A	C	A	L	P	I	A	E	E	D			A
T	E	U	Q	R	A	P	A	A	N	R	E			V
A	Z	E	I	P	I	Z	E	P	N	O	R			I
E	L	B	O	R	T	L	N	I	A	O	O	I		R
R	I	O	S	T	R	A	U	I	P	M			N	U
S	I	L	L	A			B	P	P	A	I			T
T	I	M	O	N				L			D	R		A
					A				O	A				
									R	T				

DEPORTES#1
Puzzle # 36

A	O	E	S	A	B	E	R	B	M	A	L	A	C	D
D	T	L	L	O	P	O	L	O	E	R	I	A		I
P	E	E	L	I	T				N					A
O		P	L	I	F	I	F		T					N
R			S	T	U	S	X	L	R	E	M	A	R	A
T			A	E	A	Q	E	E	E	A	D	A	R	G
E		L		T	C	N	N	D	G	C			L	
R	A	L	A	C	S	E	O	A	A		H		E	
O				V	S	I	O	T	B			A	S	
				I	E	L	T	S				I		
			R	V	O	E	I				O			
R	O	D	A	T	L	A	S	E	B	P	L		N	
N	O	I	C	A	J	A	L	E	R	T	S			
A	C	I	T	C	A	T				U	E			
A	L	L	I	T	A	P	A	Z			F	R		

FIESTA#2
Puzzle # 37

```
A C T O S       C       B D F M
G L O A I A G R E U J A E R O
A C E M R R     L     N S A J
P O O G U A A   E     Q C N I
E C G N R N C S B     U A C G
N M O N V A S R     E N A A O
O U N I I A L A E   T S C N
C I S C M T   C M V E O H G
  I C I I O E I     I   E A
  O N C E D O       N L
    U A R N         A
      F     T           D
I V E R S I O N O       H
I S T O R I C O F R E N D A I
N H A B I L J U B I L E O
```

NOTICIAS#2
Puzzle # 38

```
A A X A F   B C F O H C E H P
S C T     R A E O N O T A U
U   A I     E R S N L       B
N     E C   V T O E S L     L
T       C   E E   I R U E   I
O         I S L     C E R T C
O N O I C A M R O F N I T A O
E R C O M U N I C A D O F N
  T E   R O T C E R R O C O I
  R R         N
    A T   T E L E T I P O
      P E           O
O C T A V I L L A
N O T I F I C A C I O N
P E R I O D I S T A
```

TENNIS#1
Puzzle # 39

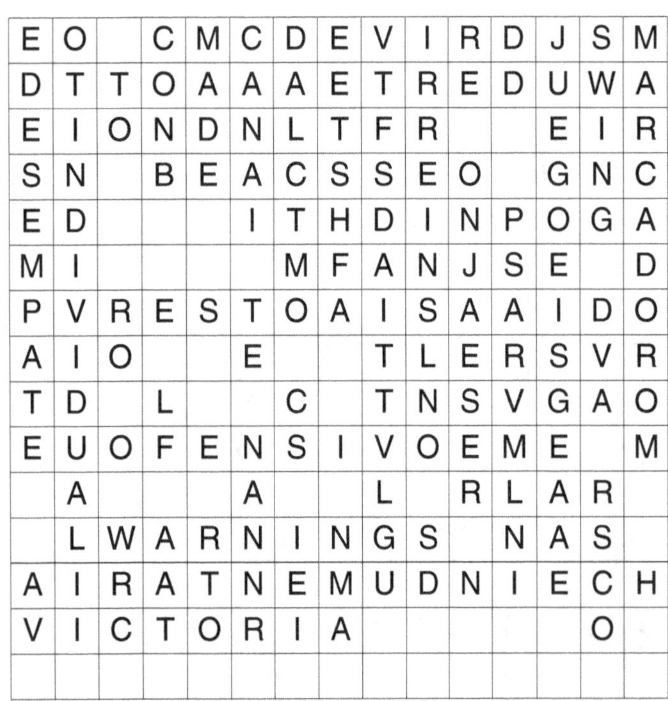

```
E O   C M C D E V I R D J S M
D T T O A A A E T R E D U W A
E I O N D N L T F R     E I R
S N   B E A C S S E O   G N C
E D     I T H D I N P O G A
M I     M F A N J S E   D
P V R E S T O A I S A A I D O
A I O   E   T L E R S V R
T D   L   C   T N S V G A O
E U O F E N S I V O E M E   M
  A     A   L   R L A R
  L W A R N I N G S   N A S
A I R A T N E M U D N I E C H
V I C T O R I A         O
```

EL HEROE#3
Puzzle # 40

```
S A C A B E C I L L A C I P E
A A R A C O R A J E   O   I P
N D M U M E D E S T I N O N R
E O N R T P N       Q   M O
A X G E A N E E A H C U L O T
I I I A I   E O R T   I   R E
J N R L R T N V N G I S   T C
P U G U I D N I A O I T   A T
  E S E F O L O D I R A A L O
  L T N       C A   O   N R
    I I I           L   S
      G C O         A   E
T E M E R I D A D       P   T
        O A
P R O T A G O N I S M O
```

POLICIA#1
Puzzle # 41

```
D A D I R O T U A Y E L
L C         D I S T R I T O
L E A   C A R A B I N E R O
  O C R O U O E L O M       R
    C R T T A D M F D U     E
      A A E I R I I U N L   G
        L C R S T N S M A T L
C O M I S A R I O E E O A M A
G R I L L E T E S P L T R C M
J U S T I C I A L T E   E A E
A N R E T N I L R A A D   D N
O F I C I A L   O   T     T
S E C R E T A   N   O     O
S E G U R I D A D
        E T N A L I G I V
```

CONTABILIDAD FINANCIERA#2
Puzzle # 42

```
S R O D E E R C A S A J A C C
A E B E N E F I C I O     A
C N N R A R B O C O   N   P
  T E F I S O T S A G T   B T
    E N I C A D E N O M R   A
    N T S C R E N T A   O L
      A C A               L
    N O I C A M I T S E
N O I S I C E D L
O V I T C E F E N M E R O S O
T S E U P M I S O R U G E S N
O I C A M R O F N I         M
O B I L I A R I O           P
R S T A M O
```

FERIA#1
Puzzle # 43

```
O A I N A S E T R A B C L S T
C R C A R R U S E L A L O A E
S A E A O O       R I C N C
T O S N R T B     Q E A T N
I O R E I R N O   U N L O O
O   L R T D A E L   I T I   L
V   D U A   B V G L E D   O
I     O H     E L   A     G
V     O I C R E M O C D   I
O L L O R R A S E D S     A
E S P E C T A C U L O
O L U M I T S E T E U G U J
O R E R T E L A R T S E U M
O I C O G E N A T A N I P
P U B L I C O T S E U P
```

DEPORTES#4
Puzzle # 44

```
A R B I T R O B A L O N
O R O D A E X O B O V E L E R
C T C O R R E R         X G
A R S C O N T R A R R E L O J
I T O E E N A D A R J P A L B
P M S N C T         U I N F R
  E P A O N E       G V Z I A
    R U N M O N     A O A S Q
      T L M E L I   D T M T U
        I S I T A J O   I A E
        G O G R B R     E   T
M E D A L L A       O     N A
A T S I L L A D E M       T
P E L O T O N A G O R R O R P
P E N A L T I P O R T E R I A
```

LA MEDICINA#4
Puzzle # 45

A	F	E	C	C	I	O	N		C	E	H	R	S	T
A	L	O	R	R					A	N	I	A	A	R
N	N	E	C	O	A				B	F	G	D	N	A
O	O	E	R	I	T	N			E	E	I	I	A	T
N	C	I	S	G	T	C	A		C	R	E	O	T	A
P	O	I	C	T	I	O	O	S	E	M	N	G	O	M
O	O	I	F	A	E	A	I	D	R	E	E	R	R	I
	I	C	C	I	Z	S	N	B	A	R		A	I	E
		D	I	C	C	I	I	O	I	O		F	O	N
			E	O	E	E	R	A	I	T		I		T
				M	N	F	P	T		C	N	A		O
E	T	N	A	D	E	S	N	S	A		C	A		
E	R	G	N	A	S	R		I	E	C		A		
O	T	N	E	M	A	C	I	D	E	M	I		E	
O	D	A	R	A	P	E	R	P				C		R

CONTABILIDAD FINANCIERA#1
Puzzle # 46

A	L	M	A	C	E	N	O	B	A	N	C	O	C	P
B	R	U	T	O	S	O	G	T					I	R
					R	A	J	E	N				F	I
O	P	M	E	I	T	E	Z	U	S	E			R	M
P	E	R	I	O	D	O	N	N	L	T	I		A	A
E	D	I	F	I	C	I	O	I	A	F	I	S	S	S
N	O	I	C	A	R	E	P	O	D	N		O	A	P
F	I	N	A	N	C	I	E	R	O		I		N	R
P		I	N	G	R	E	S	O	S			F		O
	A	I	N	V	E	N	T	A	R	I	O			V
R	E	S	U	L	T	A	D	O	S					E
			I						P					E
			V			O	T	U	B	I	R	T		D
		V	A	L	O	R	E	S			H			O
P	A	T	R	I	M	O	N	I	O					R

LA MOTO#1
Puzzle # 47

A	N	I	B	O	B	C	A	R	T	E	R			Z
C	N	I		C	I	G	U	E	N	A	L	A		
H	O	E	R	N		S	O	N	E	R	F			P
A	C	M	D	R	O	D	A	Z	I	L	A	T	A	C
S	O	Q	B	A	A	I		C						T
I	N	U	L	U	C	N	T	S	A	H	C	R	A	M
S	D	I		A	S		I	S	N					S
	U	L			I	T		L	U	I				
	C	L				R	I		O	B	L			
	C	A				T	B		S	M	L			
	I	M	A	T	R	I	C	U	L	A	A	O	I	
	O	E	J	A	N	A	R	G	N	E		G	C	S
N	S	O	R	R	A	B	A	D	R	A	U	G		
M	A	N	T	E	N	I	M	I	E	N	T	O		
R	O	D	A	I	C	N	E	L	I	S				

OFFICINA#2
Puzzle # 48

A	B	A	N	D	E	J	A	C				D	G	
R	G	O	O	C	I	L	O	Z	A		E	O		
M		E	F	I	H	S	A	R	A	R	S	M	P	
A			N	A	R	I	E	C	E	T	P	A	O	
R				C	R	A	N	N	O	H	A	E	R	
I					I	G	D	C	O	L	C		T	
O	L	E	P	A	P	A	I	N	H		H	I	A	A
R	O	T	I	N	O	M		L	E	E	O		F	
A	R	O	D	A	P	A	R	G	O	L	T		I	
E	X	P	E	D	I	E	N	T	E	B	A	A	R	
O	I	R	A	N	O	I	C	N	U	F		C	M	
N	E	G	O	C	I	A	D	O	L	L	E	S	A	
E	V	I	R	D	N	E	P	S	O	B	R	E	S	
S	A	T	N	U	P	A	C	A	S	T	I	N	T	A
S	U	E	L	O	T	E	C	N	I	C	O			

ANGELES
Puzzle # 49

```
N A M L A O T I D N E B D R S
N O L C A C I E L O       E E O
A O I A A I A G P       M L B
  I I C D T T N U U     O I R
    C C A O E S I A R   N G E
      N A R A G E R R O I I N
        E I O I O L T D O O A
          E C D S R E C A N T
H U M A N O R N A E I C O   U
M I L A G R O C U   L A   D R
U T I R I P S E   N   G     A
I N F I E R N O     A   I   L
M E N S A J E R O S O N O R T
A I G O L O T I M
S E R A F I N A I G O L O E T
```

GUERRERO#1
Puzzle # 50

```
A N A R R A B L A O P M A C I
L R C L A E T A H C A H M H N
F O E R L V J L P       A O V
E   D D U A I E U I     L Q A
R   N N Z T S R P L   L U S
E     A A A A N C A U A E I
Z     M B D B E I T M   O
C U C H I L L O A   F T A   N
E U G E I L P S E D   E O C
E M B O S C A D A A L E D O R
E N E M I G O M I L I T A R Y
E S P A R T A N O I C R E T
O M S I L A D U E F
G L A D I A D O R
E U G E I L P E R
```

DESCANSAR#2
Puzzle # 51

```
E S R A D O M O C A E H C O N
A N O C H E C E R F A T I G A
R P A       E T N E I M R U D P
O A O C O I C N A S N A C   I
O L T S A E S R A M A C N E L
P C U R E M A R O M     R S T
R O I B E N A T A P L   O O R
  E S R M P T H S L O A N F A
  C A I A S O   E E S C A
    A R N T E     I V A
    Y   O C D     S R
A N O R T L O P O
O I C N E L I S   N
E S R A T S O C E R
O T N E I M A J A L E R
```

POLICIA#2
Puzzle # 52

```
A R A T S E R R A O E H C A C
O I A S A E S C U D O D A I I
R D M T N R     E J O L N N
S O N E L E R   S E C A C S
  A B A D O F O   F F U B A P
    L O B A C E G I A M O U E
    L   A C S D L T E Z T C
      E   R A E E U N O A T
A I D R A U G T     R T   C O
O N R U T   H   N   A A   I R
I N F O R M E     O   C   O
E T N E D N E T N I C I   N
M O T O C I C L E T A O
P E R S E C U C I O N N
P I S T O L A N O I S I R P
```

AMAZONIA#2
Puzzle # 53

A	N	A	C	O	N	D	A	C	D	O					R
O		A	A		N				A	P	E			E	S
I	C	N	E		O		U	L	I	L	R		G		E
O	R	O	A	T		M	D		L	R	F			I	A
C	V	A	N	T	N	P	A				I	A	O	H	R
O	R	U	S	A	E	L					R	N	N	U	
U	S	E	T	E	B	I	A					O	A	M	
	S	I	I	S	R	R	R	R	N	Y	U	C	A	E	
		E	S	C	E	V	E	R	I					D	
			P	T				A	C	O	C			A	
				S	E			C		C	I			D	
					E	M				I			E	I	N
D	G	E	N	A		A				O			N	O	I
C	A	T	S	E	R	O	F	E	D	N			O	T	C
E	S	N	I	L	A	C	I	P	O	R	T				

DIVERSION#1
Puzzle # 54

A	A	I	R	E	F	O	B	C	E	G					
F	M	S			F		I	A	R	T	A				
I		E	U		E		E	C	T	E	S	R			
C			N	E	S		N	H	I	S	C	I	B		
I	A			O	T		E	O		L	E	A	H	O	
O		R			O	S	N			L	I	L	C	N	
		C		N		T	D				U	F	P		
	A	S	A	U	G	A	E						B		F
E	S	T	E	J	O	R	O	A	N	A	R	A	J	O	
G	E	U	J		A	O	T	N	E	T	N	O	C		
				D	A	D	I	R	A	L	I	H		A	
Z	N	A	G	L	O	H	A	S	A	L	E	R	O	N	
O	I	S	U	L	I	O	E	R	R	O	T	I	P	O	
E	D	O	G	E	R	V	I	V	I	D	O	R			N
O	I	C	C	A	F	S	I	T	A	S					

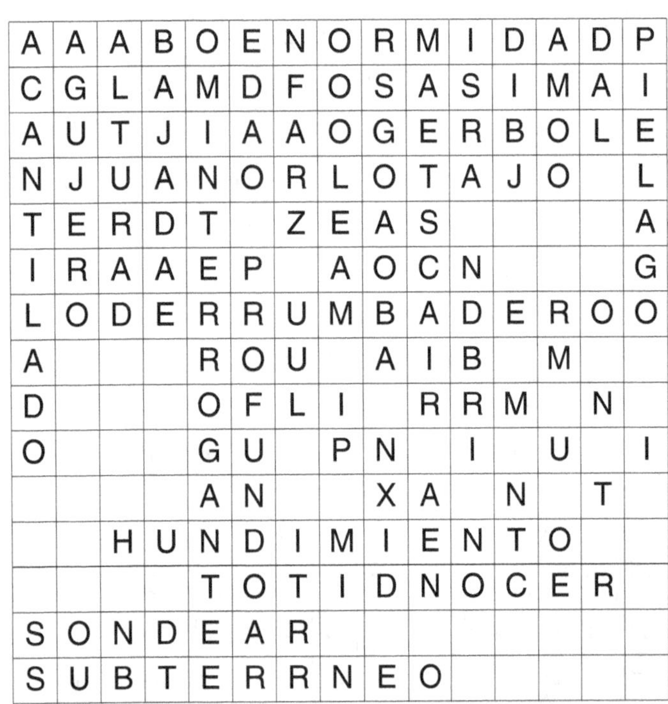

ABISMO#3
Puzzle # 55

A	A	A	B	O	E	N	O	R	M	I	D	A	D	P
C	G	L	A	M	D	F	O	S	A	S	I	M	A	I
A	U	T	J	I	A	A	O	G	E	R	B	O	L	E
N	J	U	A	N	O	R	L	O	T	A	J	O		L
T	E	R	D	T		Z	E	A	S					A
I	R	A	A	E	P		A	O	C	N				G
L	O	D	E	R	R	U	M	B	A	D	E	R	O	O
A				R	O	U		A	I	B		M		
D				O	F	L	I		R	R	M		N	
O				G	U		P	N		I		U		I
				A	N			X	A		N		T	
		H	U	N	D	I	M	I	E	N	T	O		
				T	O	T	I	D	N	O	C	E	R	
S	O	N	D	E	A	R								
S	U	B	T	E	R	R	N	E	O					

EL PUERTO#3
Puzzle # 56

O	A	L	I	T	N	A	C	O	S	T	A	U	R	G
D	R	P	D	D	A	R	E	L	L	O	C	S	E	
F	E	E	A	E	I	G		L			R			
	E	F	D	R	P	Q	A		L			A		
O		R	E	A	E	O	U	B		E			F	
	R		R	N	R	J	S	E	A	M	U	S	E	O
		E	L	Y	S	R	O	I	S	R	A	M		
G	A	V	I	O	T	A	A		T	E	R	D		
				N	G		S	M		O	C	A	A	
					E	I			A			O		R
						G	S	A	N	I	C	I	F	O
							N	T						
O	R	E	U	Q	S	E	P	I	I					
A	C	S	E	P	E	D	D	E	R	C				
R	E	F	I	N	E	R	I	A			A			

AYUDA#3
Puzzle # 57

A	O	A	G	U	A	D	O	R	A	M	P	A	R	O
M	B	D	O	L	I	S	A	T	O	D	A	I	R	C
O	R	R	A	L	I	A	N	Z	A	V				F
R	I	A	I	G	O	M	D			G	A			A
O	E	L	I	G	E	B	P	A			E	F		U
M	I	C	I	C	O	R	O	U	T			L		T
E	M	R	E	X	I	P	G	I	L	R			A	O
D	U		A	R	U	P	A	A	G	S	A			R
I	R		T	O	A	S	R		A	O	O			
A	A			I	V		U	A		R		C		
C	L			N	A		A	P		F				
I	L			A	F			E		U				
O	A				M					T		S		
N	S	O	C	O	R	R	O		U			O		
R	A	N	G	U	P	O	R	P		H				

LA MEDICINA#5
Puzzle # 58

A	L	I	V	I	O	M	A	S	L	A	B	C	C	E
N	B	O	D	A	D	I	U	C		M		O	O	T
A	F	I	O	C	A	M	R	A	F	A		M	N	I
L	V	A	E	R	M	P		L	L		P	O	C	
G		I	C	N	A	I	E		A	R	C	A		
E		S	U	E	T	N	S		S	I	I	R		
S			N	L	S	S	E	T		M	M	A		
I			E	T	T	E	R	E		I	I	D		
C			T	A	A	L	A		D	E	I			
O	P	R	E	S	I	O	N	T	R	A	L	O	N	O
A	E	C	A	N	A	P		I	I		M	T	L	
O	P	E	R	A	C	I	O	N		V		O	O	
P	R	E	V	E	N	C	I	O	N		O		G	
N	O	I	C	A	Z	I	N	U	M	N	I		O	
O	S	E	C	O	R	P	T	E	R	A	P	I	A	

CAMMPAMENTO#1
Puzzle # 59

A	B	C	A	N	A	V	A	R	A	C			
N	C	R	A	C	A	T	S	O	C	N	O	G	O	F
I	E	H	U	N	O	E	O	A	S	O				L
M	G	N	U	J	T	M	S	L	R	A	I		I	
A	U	D	C	B	U	I	E	T	L	A	R	R	T	
L	A	E	A	E	A	L	M	D	E	I	P		E	
E	R	O	T	T	N	S	A	P	O	R	N	M	R	
S	N	M	T	E	R	D	Q	O	L	R	I	R	A	
	I		I	U	H	E	E	U	M	O		L	O	L
	C			L	C	C	B	D	E	R	R		L	H
	I			I	A	A	I	O	R	E	A			A
	O			T	M	M	L	R	O	T				
	N	M	E	D	I	C	A	M	E	N	T	O	S	
		N	A	T	U	R	A	L	E	Z	A			
L	A	N	R	E	D	E	P	R	A	N	C	H	O	

EL HEROE#2
Puzzle # 60

O	C	O	N	F	L	I	C	T	O	C	E	J	M	V
L	I	E	J	E	M	P	L	A	R	O	S	E	I	A
	A	R	L		L			N	T	F	T	L		
	E	B	E		I	O		T	R	E	O	I		
		D	I	B		A	D	N	R	E		E		
		I	N	R	R	T	E	A	L		N			
E	N	G	I	S	N	I	I	O	O	R	L		T	
N	O	B	L	E	Z	A	C	D	N	I	A	L		E
S	A	B	E	U	R	P		I	A	O	R	Z	I	
A	I	G	O	L	O	T	I	M	A	D	D	T	G	V
A	I	C	N	E	L	U	P	R	O	C		N	A	O
	I	N	T	E	L	I	G	E	N	C	I	A	U	P
O	S	E	R	G	E	R				O		P		
O	T	E	P	S	E	R	O	G	S	E	I	R	N	
S	U	P	E	R	A	C	I	O	N					

GANAR#2
Puzzle # 61

```
O R I R I U Q D A D I N E R O
E T E   A S     S A L B A T E I
C S R M R L O O O T I X T N O
L R E B A U M E N T A R A T N
U M A I O R C E D     D R E O
C E   C L E E T U     O R M H
D     E A S P P E N     C A R
      U   A U S R E   A A R A
M O T   D   R S E   M M     R
    E N C A R E C E R B P L U
S V A L A         I P R O D
U C T O G R A C E R O R A R E
P S O R P         P R O V
E C H O           T R I U
N F A R
```

LA LUZ#3
Puzzle # 62

```
O A E     R A L U C O N I B
C D D S     N A L L I B M O B
E A A N P   G B R I L L O C R
N A N R O I U F O T O N   R A
T L P D B O L A H       I Y
E   E S I M O C L       S O
L   N I L U S E U     T S
L     T H   L R U M B R A X
E     E C   A E   E L
O E L E C T R I C O V   N
O R T C E P S E E L B I S I V
L U M I N O S I D A D   N
N O I C A G A P O R P     U
R E F L E X I O N
T R A N S P A R E N C I A
```

UNIVERSO#4
Puzzle # 63

```
R   N S A P O G E O A R
  I   E   O T   R E S A L T
    M P   Y O     T D   R
    T   O L U M U C R I   A
A   U     Z O   O O   S
O T A N T I M A T E R I A L
A L U O R G E N O R E J U G A
A I E A A A   S O E L C U N C
V C P I N D S A T I B R O   I
T U I O C O N L   A       O
  I E S R   R O U   C   N
    N L I T   T S P   I
    E O F N   S     O
    Z   E   A     N
N O I C A T I V A R G
```

AYUDA#1
Puzzle # 64

```
A B N D N O I S E C N O C
P A E O A     M O D E R A R
O L   C I D       B
Y U   A T I O V I T A N O D
O A     S R   J       G
  R D A V I D A A O     U
  T   A I   B C     A
  E N O I C A R O B A L O C R
H O S P I T A L I D A D   D
      N R         I
M E C E N A S A G     A
    I N T E R C E S I O N
O B S E Q U I O M A T S E R P
R E F U E R Z O     G
N O I C A C I F I T A R G
```

OFFICINA#3
Puzzle # 65

```
A G E N D A R C H I V A D O R
B U F E T E         O R D A U C
P   E   C A L C U L A D O R A
O I R S   E T E N I B A G
I I L O T N E M A T R A P E D
M A C C T A I R E T N A T S E
P P R I A I F O I R A T O N
R A O A F T N E S S E
E P   S P I N O T I I G
S E   T M D A M A L L L
O L     I A E L     L L A
R E       T L   P     A O
A R O D A L U T O R       N
  A O N O F E L E T I N T A
T I J E R A S
```

LA MEDICINA#3
Puzzle # 66

```
E A M B U L A N C I A B P R V
S U N C A P S U L A   A O E E
O I Q I O E F L     C C C N
E E S A R I N A A     I I E D
  M U I H I G F R G   L M T A
    E Q L C P A E M E O A A R
      R E A A S T R A L
      G H N O A N M C
A R E P S E C A V O O E I
    D A D I N A S I C C D A
V I R U S     C   T I   A
S O R E M I R P I     I D   D
O M S I N A G R O A     N E
O T N E I M I R F U S     E M
T R A S T O R N O         L
```

LA MOTIVATION#3
Puzzle # 67

```
E R A Z N A C L A O L E H N A
O T C L A M B I C I O N
C I A A T A M I T S E O T U A
O C C U R D E A O P       R
M R   I I S U E M S T L     E
P E   F C A I C P E I A   N
A A   E A   S I E R X N T
R T     N     T S N P E A
A I     E     A I O M
C V     B       O   E
I I E S F U E R Z O     N
O D N O I C A V I T O M S E D
N A E S P E R A N Z A
  D R A L U M I T S E
N O I C A T I C X E
```

OFFICINA#1
Puzzle # 68

```
A O I R A M R A B O N E S I D
O G F D L T     T A     G T
C I E A E A E     E N     O I
H   R N R S C P     F D   M N
I     A C G P O R   U A E A T
N       D I I A L A N   T J A
C         N A L C   C     S A
H L E P A P E O O H I       E
E S E L L O   L I B O
T O R E H C I F A R N
A R O D A P A R G C A
E X P E D I E N T E R T
R O T I N O M       I   O
N E G O C I A D O   O   N
P E N D R I V E R B O S
```

DEPORTES#3
Puzzle # 69

A	R	B	I	T	R	O	B	O	X	E	O	C	
O	E	L	L	A	C	O	C	S	I	D		O	
O	T	D	O	Y	A	M	S	E	D	E	R	N	
G	R	S	E	R	P	E	L	O	T	A		T	
L	I	T	E	P	O	M	O	L	L	I	T	R	A	M
P	A	M	E	C	O	D	A			A		T	
R	E	N	N	M	N	R	A	R		R	T	E	
S	E	N	Z	A	O	O	T	G	C		R	E	C
	A	G	A	A	S	N	L	I	U	A		E	M	N
	Q	L	L	M	T	O	A	S	J	D	L	P	I
		U	A	T	I	A	R	B	T		O	O	C
		E	S	I	E		C		A	J	R	A
A	I	R	E	T	R	O	P	N			A	
A	G	O	R	R	O	R	P		T			D	
A	T	S	I	L	L	A	D	E	M	O		A	

FERIA#2
Puzzle # 70

S	E	D	A	D	I	V	I	T	C	A	Z	N	A	D
O	E	B	A	I	L	E	S	O	R	B	I	L		G
S	L	N	N	O	R	J	S	E	V				A
I	A	U	O	E	T	A	U	E	C	I			N
L		N	C	I	M	R	N	E	R	T	T		A
U		E	I	C	A	E	I	G	E	O	S		D
M			J	T	C	T	I	L	O	L	R	E	O
I				N	R	A	R	C	U	S	L	P	F
N	L	U	C	R	O	E	A	R	E	N	C		A
A	Z	A	L	P		R		T	C	O		R	T
C		N	O	I	G	I	L	E	R	A		C	A
I	S	A	F	I	R			B			D
O	S	E	D	A	D	E	V	O	N			A
N	A	N	I	R	U	A	T	O	R	T	A	E	T
T	I	R	O	A	L	A	R	C	O	E	N	R	O	T

EL PUERTO#2
Puzzle # 71

A	N	O			B		N	O	C	E	L	A	M
D	L	O	D		O	A	I	N	A	T	I	P	A	C
U	A	C	I	R	Y	S		B		D	E	E	P
A	R	D	N	C	A		E		O		E	M	S	R
N		O	I	A	A	L		N	T		P	B	T	A
A			D	C	O	I	O		A		O	A	I	C
		E	A	R	L	B	J	L	R	R	B	T
		N	P	R	P	E			T	C	A	I
A	S	U	L	C	S	E	A	O	M		I	A	D	C
O	D	A	C	S	E	P	T	C	M	A	V	D	O	O
	O	R	E	D	A	E	D	N	O	F	O	E	R
O	R	E	J	A	S	A	P		O		R
N	O	I	C	A	G	E	V	A	N	C		O
S	A	L	E	R	A	S	A	P
R	E	M	O	L	Q	U	E	T	A	J	A	M	A	R

INVENTOS#1
Puzzle # 72

A	T	E	L	C	I	C	I	B	N	U	L	I	A	C
B	N	A	A	R	T	I	L	U	G	I	O	S	D	I
D	O	T	L	D	O	T	A	R	A	P	A	A	A	E	N
E	D	L	E	U	A	E	D	I	L		T	A	M	E
S	I	E	I	O	J	D		I		E	C	O	M
A	S	A	I	G	J	U	E		L		C	N	S	A
R	E		R	R	R	O	R	V	E		N	E	T	T
R	N		B	U	A	S	B	O		I	W	R	O
O	O			O	C	F		N	C	T	A	G
L				E	O		A	O	C	R
L	O	U	I	S	B	R	A	I	L	L	E	N	I	A
O	L	A	B	O	R	A	T	O	R	I	O		O	F
	E	S	R	O	M	L	E	U	M	A	S		N	O
M	I	C	R	O	S	C	O	P	I	O	M
Y	R	E	V	A	S	S	A	M	O	H	T

HISTORIA#2
Puzzle # 73

A	E	T	R	A		G				G				M
N	G	L				U	E	B	E	L	P			O
I	O	R	I		A	I	R	E	N	O	S	A	M	N
N	M	I	I	R						R	G			A
D	O	P	C	C	R	A	T	N	E	R	P	M	I	R
E	T	A	E	A	U	A					A	I		Q
P	I		N	T	C	L	C			F		L		U
E	N			I	R	I	T	O		I		L		I
N					C	O	N	U	R	A				A
D	A	T	R	E	B	I	L	U	R	R				
E						D	E	M	A	E				
N	O	I	L	E	B	E	R	E	O	O		F		
C	N	O	I	G	I	L	E	R	M		C			
I	O	T	N	E	I	M	A	T	N	A	V	E	L	
A	N	A	C	I	O	N	A	L	I	S	M	O		

EL HEROE#1
Puzzle # 74

D	I	L	A	D	A	R	D	O	R	A				
A	R	Q	U	E	T	I	P	O			M			
A	T	R	E	V	I	D	O	A	R	U	V	A	R	B
C	Z	G	D	L	S	A	E	T	N				F	H
V	O	E	E	A	E	O	S	F	I	A				O
	I	M	M	S	D	A	V	E	E	X	Z			N
		A	B	R	T	I	L	I	C	N	E	A		O
			J	A	I	A	L	T	T	N	S		H	R
				E	T	F	Z	I	A	E	I	O		T
L	E	R	U	A	L	E	A	E	B	D	J	R	R	R
A	D	N	E	Y	E	L		Z	O	A		B	P	I
O	S	A	D	A			E	R	H			O	U	O
C	I	T	N	A	M	O	R		V	P			N	A
I	R	O	T	C	I	V				I			F	
									V		O			

LA MOTIVATION#2
Puzzle # 75

A	O	T	N	E	I	M	I	V	E	R	T	A	D	G
C	A	T	C	U	D	N	O	C				I	E	R
C	O	Z	N	I	I	M	P	E	T	U		L	P	A
I		M	N	E	N	N	P		S			U	R	T
O			P	A	I	F	T	R		E		S	E	I
N				E	I	L	L	E	O		D	I	S	F
T	E	S	O	N	T	F	A	U	N	P		O	I	I
E	M	P	U	J	E	I	N	S	I	C	I	N	O	C
I	N	T	E	R	E	S	C	O	E	R	I	N	N	A
O	V	I	T	E	J	B	O	I	C	D	M	O	A	C
D	E	S	A	R	R	O	L	L	O		E		N	I
A	V	I	T	A	I	C	I	N	I	N	J			O
P	R	E	M	I	O					O				N
R	E	C	O	M	P	E	N	S	A		R			
R	E	S	O	L	U	C	I	O	N		A			

MERCADOTECNIA #2
Puzzle # 76

N	O	I	C	A	T	P	A	D	A	S	L	O	B	C
	L		U	C	O	T	S	O	C		P			O
S	O		C	D	I	I	C	U	P	O	N	R		M
	I	E	A	I	C	N	E	T	E	P	M	O	C	E
A		S	R	T	C	A	G	R				M	E	R
A	I	O	I	O	S	M	D	R	R			O	J	C
	I	T	V	R	T	I	E	N	E	E		C	E	I
		C	N	I	C	I	R	N	A	S		I	C	A
		N	A	T	A	N	O	S	M	O	O	U	L	
			E	R	E	T	O	Y	A	E	N	T		
K	C	O	T	S	I	A	J	N	M	A	J	D	A	
N	O	I	S	I	V	C	G	B	E		M	E	R	
						I		O	V					
M	E	R	C	A	D	E	O	F						
	O	B	S	O	L	E	S	C	E	N	C	I	A	

HISTORIA#3
Puzzle # 77

```
E O A P E R E S T R O I K A D
A D M I C A B A L L O N E E E
C T A S S         I     Q S X S
H O S D I E       D     U T P A
U A N I M L U M E       I A U R
  R M Q U O A G A       S T L R
    B B U Q D D R R     I U S O
      E R I N E U U X C T I L
        U S O R E B I O O L
        N T C N F O S N O
D I N A S T I A A E A N   M
A I C A R C O M E D R       O
O M S I T U L O S B A
N O I C A Z I L I V I C
A R U T I R C S E
```

DESCANSAR#1
Puzzle # 78

```
A C O S T A R S E C C E R T R
L Z A F I T N A   A A N O A E
C O N O S I M A C B F S N L P
O E R I M R O D   E E U Q A A
B   R E   O       Z E U M R A
    T C D I       A N N I O A
      A E U R L D A O D   C L
I R O N C B E O A   N O   I C
O N C I L I A R T N   U   O I
N S O M N I O C M I I   L N D
E S V E L A R S E E M R     R
A G U R D A M       V R O   A
N A I S R E P       E O   A
M A J I P R A S O P E R L D E
S R A R E P U C E R       A
```

DESCANSAR#3
Puzzle # 79

```
B A N C O D D     D
D E M O   H I O     N O G R E J
A E C A Z R C V R     R     S L
O I S H C R A E A M M       O I
S G C P A A E T L N I       B T
O   R N E R L U C   L T     A E
B     A A R S L F O O     A R R
R       T T T E I S N     R A
E     A   E S A   S E R       T
        R   L E D   E E     U
O I C I C R E J E O   M   P M
M O I S E S O     R         B
O N E U S D A D I R U C S O O
S I L L O N       O         N
S O S E G A R S E M         A
```

LA MOTO#2
Puzzle # 80

```
E R A C A M B I O   B       L
C T O C C A R B U R A D O R L
N A I D I S S O R C S       A
A O B E A M E       T E     N
  L X A C R A N     I   S   T
    U A L A E N D N D     A A
O   P L L   L I U O         G
    R L U C E S E D R N
    D   C   T   C O O I
C A R E N A D O E   A R   P
      O T I U C R I C   E
    D A D I L I B A T S E A
    N O I C A N I M A T N O C
G U A N T E S   C M A N E J O
E S T R I B E R A L L I N A M
```

LA MADERA#3
Puzzle # 81

O	A	A	A	B	M	A	R	C	O		C			
	D	R	I	S	A	O	L	L	I	L	A	P		
A	O	A	M	N	T	U		A		R				
F	G	D	R	A	A	I	L	V	A		P	I	N	O
A	U	I	A	E	Z	S	L	O	L	C	I			
	M	E	P	P	M	O	E	L			I	N		
	A	A	G	S	A	O	N	T	A	T	T	A		
		Z	R	O	E	H	L		R	R	E	S	R	
A	E	N	E	M	I	H	C	G		A	R	C	A	T
		L	A	T	N	U	P	A	A		I	O	A	M
	E	T	O	R	R	A	G		R		A		P	
P	U	N	Z	O	N	O				T				T
R	O	N	C	O		C				N				N
E	M	A	R	E	D	A	M				O			A
M	R	O	F	A	T	A	L	P				C		

FISCALIA#1
Puzzle # 82

E	S	T	A	D	O	A	C	U	S	A	C	I	O	N
A	L	A	S	I	E	F	A	N	E	U	B	D	D	I
C	L	C	A	R	C	E	L	M	P		P	E	E	M
	O	U		V	E	N	I	A	E		R	C	T	P
		M	D				E	G	N		U	L	E	A
			U	E				I	A		E	A	N	R
				N	C			S	D		B	R	C	C
	L	E	T	R	A	D	O	T		U	A	A	I	I
R	A	T	U	P	M	I		R			A	C	O	A
I	N	C	U	L	P	A	R	A	O			I	N	L
O	S	E	C	O	R	P		D		D		O		I
E	L	B	I	N	U	P		O			A	N		D
P	A	R	T	I	C	I	P	E				G		A
P	R	E	M	E	D	I	T	A	C	I	O	N	O	D
N	O	I	C	A	C	I	R	A	V	E	R	P		T

AYUDA#2
Puzzle # 83

A	C	O	G	E	R	A	E						B	E
L	I		P			L	T	T					E	S
I	C	C	E			T		E	R				N	F
V	L	O	N			R			N	O			E	U
I	E	N	S	E		U				U	P		F	E
A	M	T	I		T	I					A	A	I	R
R	E	R	O	V	I	S	A	P	M	O	C	R	C	Z
	N	I	N			M	I	C	I	R	I	N	E	O
	T	B			O		S						N	R
	E	U	R	A	V	U	Y	D	A	O	C		C	E
	C	D	E	F	E	N	S	A					I	F
N	O	I	C	A	R	E	P	O	O	C			A	U
	O	F	I	L	A	N	T	R	O	P	I		A	G
	N	D	A	D	I	N	R	E	T	A	R	F	I	
O	V	I	T	A	I	L	A	P	R	O	J	I	M	O

LA MINA#3
Puzzle # 84

C	O	C	S	A	C	E	P	I	L	L	O	D	D	H
O	A	C			U	U	S	O	N	D	A	E	I	I
B	A	N	I		E	E	S	C	A	L	E	R	A	D
R	E	L	T	P	V	S	P	I				R	M	R
E		X	A	E	A		C	I	R			U	A	A
			C	P	R			L	L	G		M	N	U
A	N	I	L	A	G	A	R	D	A	A		B	T	L
				V		A				V	R	E	E	I
	A	I	R	E	L	A	G	R	A	N	I	T	O	C
R	A	D	A	R	O	H	D		A			T		O
I	N	G	E	N	I	E	R	O		P			U	
A	N	R	E	T	N	I	L		R		M			D
L	A	C	I	T	R	E	V				A		A	
N	O	I	C	C	E	P	S	O	R	P			L	
V	E	N	T	I	L	A	C	I	O	N				

MERCADOTECNIA #1
Puzzle # 85

```
O T N E M U A C C F   I S
R C O T     A A L   D O
E A O H O   L M U I   E C
P T R N C P   I P J   E A I
R R N P S I S D A O   N O
O   E E M U N A N     T
C   C R O M D A J A B E R E
E   I E C I E S T U D I O
S     O G   D
O I N N O V A C I O N
    O I B M A C R E T N I
I N T E R M E D I A R I O
M E R C H A N D I S I N G
N O I C A Z I N A G R O
R O D A N I C O R T A P
```

LA MADERA#2
Puzzle # 86

```
A A B A R C O A M A C O L A F
E L R C A R P I N T E R O   R
N T C I A C A T S E O       E
J O E O E R M C N A A G     S
U   I N R T R U S O L G A   N
G     T I N E A E E G L I F O
U     S R O T T B U A A V
E P A L O U A Q A I L M L T
T O C E U Z B L U R U E
E P E R C H A M C E U G
O D A L B A T   O   G
A S E I V A R T   C     O
V E N T A N A N I L O I V
```

LA MOTIVATION#1
Puzzle # 87

```
P D O M I N A O P       I D
C R A J A O O O R R     M I
  A O D O I T I T E I     P N
C   P Y I R C N C I N M   U A
U     A E V R N E A D I A L M
L     C C I A A I R E D S I
M       I T T   T M I R O S
I         D O C   S I P   M
N F I R M E Z A   A   N V S O
A S I S A F N E D       O O A
C O M P E N S A C I O N   C M
I D E T E R M I N A C I O N
O C I R T N E C O G E
N Z E D I P E R T N I
P E R S O N A O Z R E U F E R
```

GUERRERO#3
Puzzle # 88

```
A N C A S T I L L O A O S O F
S R A E R C A C A R D T
A   A T T R O Z O D I U O   P
L   C I N A N A R A V C C E
T     A P A T F R S P A S L
O D R A D B A D I L O A S L E
N O C L A H L C N M I C R E A
H O N D A     A     A I C   I
A Z U M A R A C S E M C T   O
E S T R A T E G I A A O   O
L E G I O N A R I O R   C
A R B O I N A M A R C H A
M A N T E L E T E   I
E T N E D I R T     A
                    L
```

GANAR#1
Puzzle # 89

C	A	C	O	M	E	R	C	I	O	P	E	S	O	G
A	E	T	C	O	N	T	R	A	B	A	N	D	O	L
P	G	T	C	R	A	I	F	A	S	E	D		P	O
I	O	A	A	E			V	J	D			A	R	
T		R	S	P	L	R	O	I	U	I		G	I	
A		C	T	M	O	A	I	T	G	V		A	A	
L			U	A	E	C	D	M	O	A	N	R		
A	M	U	S		L	R			U	E	R	D	E	P
N	O	I	C	A	C	I	F	I	T	A	R	G	O	E
N	E	G	O	C	I	A	R	U	S	U	C	P		R
R	E	I	N	T	E	G	R	O			E		D	
N	O	I	C	I	D	N	E	R				R	E	
O	D	A	T	L	U	S	E	R	O	T	N	A	T	R
T	R	O	F	E	O									

CORONA#3
Puzzle # 90

C	M	A	S	I	N	T	O	M	A	T	I	C	O	V
B	H	A	C	A	N	O	H	U	M	A	N	O		A
	U	I	H	A	R	C	I	O	O	A				C
		L	N	U	S	E	U	C	S	G	P			U
		O	A	W	O	T	B	N	P	S	A			N
C	U	A	R	E	N	T	E	N	A	E	I	E		A
I	N	D	I	V	I	D	U	O	O	C	T	T	I	
I	N	F	E	C	C	I	O	N		R	I	N	A	R
I	N	F	O	R	M	A	C	I	O	N	F	O	O	L
I	N	V	E	S	T	I	G	A	C	I	O	N	N	C
A	I	G	O	L	O	I	B	O	R	C	I	M		
O	B	S	E	R	V	A	C	I	O	N				
A	I	M	E	D	N	A	P	O	S	I	T	I	V	O
O	R	E	J	A	S	A	P	O	S	O	P	E	R	
P	R	O	H	I	B	I	C	I	O	N				

LA MOTO#3
Puzzle # 91

O	N	A	I	R	E	T	A	B	S	T	I	J	A	C
E	T	O	I	D	A	R	E	R	R	A	C			H
S	M	N	I	J	A	T	A		R	O	T	O	M	O
P	M	B	E	C	U	T	E	T		P	O		P	
E		O	R	I	A	B	R	N	A		E	R	B	P
J	P		T	A	S	L		E	A	P	D	U	R	E
O		O		O	G	A	U		B	M	A	E	U	R
		T		R	U		C		I	L	D	I		
		E		I	E		S		L	A	D			
P	I	S	T	O	N	E	S		A		O			
			C		T			B						
S	I	D	E	C	A	R	I		A					
A	I	R	O	T	C	E	Y	A	R	T				
N	O	I	S	N	E	P	S	U	S					
O	L	U	C	I	H	E	V							

DIVERSION#2
Puzzle # 92

O	D	A	R	G	A	M	O	R	B	U	L	L	A	E
E	N	L	L	A	P	S	I	H	C					N
S	R	E	A	G	H	F	G	R	O	R	G	I	A	T
C	I	G	R	I	A	C	A	U	O					U
A	S	R		F	R	Z	I	R	S	M				S
N	O	I		E	N	O	A	D	R	T	U			I
D	T	A			X	E	F	R	O	A	O	H		A
A	A			J	U	S	U	A	L					S
L	D				U	L	E	E		I				M
O	A				E	T	D				B			O
O	T	N	E	I	M	I	C	R	A	P	S	E	U	
F	E	L	I	C	I	D	A	D	G	C				J
J	O	L	G	O	R	I	O			A	I			
A	I	C	N	E	R	R	U	C	O			O		
O	M	S	I	M	I	T	P	O				N		

LA MEDICINA#2
Puzzle # 93

```
O N E T N A M L A C V   C D H
A I O R G O L C U R A R I O E
N C R I I E I L     C   E L R
M O I O C X R C I   U   N E B
A I I N T N I M A M N   C N O
  G C C I A E L E L A   I C L
    A R I L L T E N U C A I A
    L O S C U A R V C   A R
V I D A P B O S B   E I O   I
O C I D M I P E M   C G N O P
L A N T A   O S C A   E O I I
N Y E C C I O N I U     T R P
A C I E N T E     D E     A P
A T O L O G I A     N L     R
E H A B I L I T A R   I A
```

FIESTA#1
Puzzle # 94

```
A R A Z A G L A C C C C G H M
E N C A I R E F A E O O U O I
S T O G     R R M T I M T E
O E I V A   R E P I R E O E
L N H C I L   A M A L N N P L
S I A O A C A C O R L A A U F
A P F E C R O A N S O L J E E
E T E S L   O   I A N D E B A
U S A C E P   M A     A   L
N Q T T T D M F E S T E J O
  A E I S   U   M
  R T V E C   C   N
  A A O L U D I C O
    J U   L     C
L I T U R G I A O
```

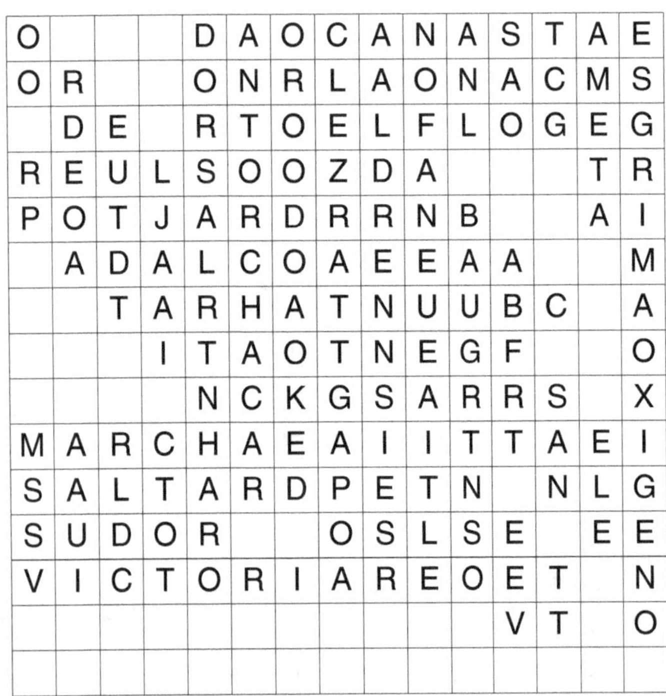

DEPORTES#2
Puzzle # 95

```
O     D A O C A N A S T A E
O R   O N R L A O N A C M S
  D E   R T O E L F L O G E G
R E U L S O O Z D A     T R
P O T J A R D R R N B     A I
  A D A L C O A E E A A     M
    T A R H A T N U U B C   A
    I T A O T N E G F     O
    N C K G S A R R S     X
M A R C H A E A I I T T A E I
S A L T A R D P E T N   N L G
S U D O R     O S L S E   E E
V I C T O R I A R E O E T   N
              V T   O
```

LA MINA#1
Puzzle # 96

```
R O C N A B E   C A R B O N C
C O E A O O   M A O R O G P U
O H S R M L B   P A S O E O A
T Z I N R I I I A R     O L R
A   R M E E O F T   E   D E T
L   A E C I N A N   S E A E
U     U N S C Z   E   A   L
D     C E A L O M R A M
      O D A R F O C N E
O T N E I M A P I U Q E
N O I S O L P X E
F E R R O C A R R I L
M A R T I L L O N E R R E T
A L O R E T N U P
S E G U R I D A D
```

NOTICIAS#3
Puzzle # 97

```
A O S I V A D       H R P N R
N G V C A A C I   O E A O E
T O E I O C I I A J L N T C
E   I N H M I F N R A A C I U
N   C C C U L A O I T A C E
A     A I R N C R R O R I R
A V E U N G A A I I G C T E D
P O N O F E L E T C C O A R O
  A S N E R P U   S A N T O
A T N E R P M I V   I C E O
      F R A L U T I T V I   F
      L         D   E O
  P R I M E R A P L A N A R N
          T E L E G R A F O
A D N A G A P O R P
```

LA LUZ#1
Puzzle # 98

```
A O O N O I S R E P S I D E F
M F P C O A H A Z V E L A N L
P L A M I I I   R   M   E A
L E L R A T C F L A S E R R S
I D U   O C A C A O P   D G H
T   P     L   M A R P M   I
U R A J A I V   O R G T A A O
D M E C A N I C A R F O I L
I N F R A R R O J O C I T C
O I P O C S O R C I M   D O A
P E N U M B R A           F
P O L A R I Z A C I O N
R O T C E L F E R
R E F R A C C I O N
U L T R A V I O L E T A
```

UNIVERSO#3
Puzzle # 99

```
J U P I T E R K O I L E H V A
Z U L O N A S O E N     E N
    N D O I P N L A     N T
L U N A O I I G A O V R   U E
      I L C R C Z I U S N
O N O B R A C O C E I O N E A
E S T R E L L A B A N O   S T
D A D I V I T A L E R E   F I
N O I S O L P X E E   T   E E
A L U C I T R A P   T   A R M
E T I L E T A S     S   A P
D A D I R A L U G N I S N   O
M I C R O G R A V E D A D O
A V O N R E P U S         C
A R U T A R E P M E T
```

NOTICIAS#1
Puzzle # 100

```
A O B D A T O C N C O       T
A C L O G     A V I S I M I
A N T U L A   B   R U   D R
L I M U C E C L   C P Q   A
O A C U A I T E   U E   S D R
L H S N L L T I T L R     A E
  A C N E O I R N A I       P
    N A O D C D A R O       O
      E P P I I A   D       R
        S S S F N D I       T
O T I R C S E E N F C       A
D A D E V O N D R O O       J
D I F U S I O N   R C R     E
E F E M E R I D E S O   M
E X P E D I E N T E   C E
```